KB151199

자 기
사 랑

레스터 레븐슨이
전 하 는
삶 의 지혜

자기
사랑

Love Yourself

로렌스 크레인 지음
편기욱 옮김

가디언

당신이 사랑할 때, 세상 사람들은 당신의 길에 함께할 겁니다. 그들은 당신이 원하는 것을 내어줄 겁니다. 어쩌면 그들은 자신이 왜 그렇게 하는지 알지 못할 수도 있습니다. 그러나 당신에게 무언가 특별한 것을 느끼고 있습니다. 그들은 당신 스스로가 원하는 대로 해내가길 바랍니다. 그들은 사랑으로 그렇게 합니다. 그들은 사랑의 힘을 느낍니다. 이 책에서 당신도 어떻게 다른 사람들을 당신의 길로 이끌게 되는지를 배우게 될 겁니다. 당신이 사랑을 주고, 사랑하는 순간에 온 세계가 당신의 길로 걸어오는 걸 배울 것입니다.

옮긴이의 글

몇 년 전 어느 강당에서 강연을 마치고 내려올 때, 어떤 분이 제게 다가오시더니 '자기 사랑'이라는 말이 있다는 것을 태어나서 처음 들으셨다며 울먹이며 이야기하신 적이 있습니다. 그 당시 저에게 그 말은 큰 충격과 감동으로 다가왔습니다. 너무도 당연한 '자기 사랑'이라는 말을 처음 듣는 분이 계실 줄 꿈에도 몰랐기 때문에 충격이었고, 세상에 무엇이 필요한지 깨닫는 계기가 되었다는 사실이 기뻤습니다. 모두가 아는 노래 가사처럼 '우리는 사랑 받기 위해 태어났습니다'는 너무나 당연하고 흔한 말이지만 어디에서도, 사랑이 무엇인지 어떻게 사랑을 받을 수 있는 것인지 알려주는 곳은 없습니다.

많은 사람들이 사랑과 관심을 오직 외부에서, 타인에게서 구하며 살아갑니다. 마치 자신의 화분에 직접 물을 주지 못하고 지나가는 사람들이 물을 주기만을 애타게 기다리는 것과도 같은 삶입니다.

사람들은 행복해지기 위해 살아갑니다. 풍요롭기 위해 살아갑니다. 마음의 평화를 얻기 위해 살아갑니다. 하지만 사람들은 그 모든 행복과 풍요, 평화의 근원이자 출발점이 바로 '자기 사랑'이라는 것을 모른 채, 열심히 살기만 하면 그것이 저절로 얻어질 것이라는 막연한 희망과 기대감으로 살아가고 있습니다. 그러나 언제나 삶은 고되고 사랑과 인정은 노력한 만큼, 기대한 만큼 충족되지 않습니다. 언제 바뀔지 모르는 외부 환경에 목매고 의존하여 사랑을 갈구하는 것은, 시작부터가 제한적이기에 안타까운 비극을 예고할 수 있습니다.

사랑은 밖에서 갈구하고 찾을 필요가 없습니다. 왜냐하면 이미 맑고 시원한 우물이 내 앞마당에 있기 때문입니다. 퍼서 쓰고 또 써도 계속 샘솟는 사랑의 우물이 내 마음 안에 있습니다. 자신이 자신에게 무한히 줄 수 있는 자기 사랑이 있습니다.

'자기 사랑'은 마법과도 같은 힘을 가지고 있습니다. 지난

10여 년간 강연을 하고 자기계발 프로그램을 진행하면서 그 어떤 프로그램보다도 자기 사랑의 효과가 가장 강력하고 놀라웠습니다. 불과 1, 2주 사이에 얼굴이 바뀌고, 삶에 대한 태도가 극적으로 바뀌는 것을 수없이 보아왔습니다.

어떤 분들은 자기 사랑을 하면 이기적으로 변하는 것이 아닐까 먼저 걱정하기도 합니다. 하지만 그렇지 않습니다. 자기를 진심으로 사랑하며 이해하게 된 사람들은 삶의 무게로부터 벗어나 자유롭고 평화롭고 행복해집니다. 내면이 여유롭고 사랑이 충만해집니다. 향을 싼 종이에서 향내가 나듯이, 주위 사람들에게 더 많은 사랑과 관심, 배려를 베풀 수 있게 됩니다.

'자기 사랑'은 삶을 가장 빠르게 변화시키는 행복과 풍요의 고속도로입니다. 그것은 아무리 강조해도 지나치지 않습니다. '자기 사랑'에 투자한 모든 시간과 에너지와 열정은 하나도 빠짐없이 고스란히 자신에게 돌아옵니다. 그래서 최고의 투자이자 지혜인 것입니다.

이 책의 저자인 로렌스 크레인은 자기 사랑을 깊이 있게 실천하고, 뛰어난 통찰로 그 사랑을 오랫동안 지속해온 사람입니다. 그래서 이 책《자기 사랑》은 자기 사랑의 구체적이고 효과적인 방법과 감동을 전달하는 데 더할 나위 없이 좋은 책입니다. 그는 릴리징 테크닉Releasing Technique, 흘려보내기 기법, 세도나 메서드 등을 창시한 레스터 레븐슨Lester Levenson의 제자이기도 합니다.

지난 일 년간 공들여 작업해온 레스터 레븐슨의 가르침《세도나 메서드》와 로렌스 크레인의《자기 사랑》번역 작업이 이로서 드디어 마무리가 되었습니다. 두 책에 담긴 귀중한 메시지가 많은 분들께 전달된다고 생각하니 매우 설레는 한편, 얼마나 잘 전달되고 이해될지 궁금하기도 합니다.

하지만 이제 모든 것은 독자 여러분과 책의 운명에 맡기고 제 기대와 설렘을 모두 흘려보내려 합니다. 일 년이라는 길고도 짧은 시간 동안 두 책을 번역하면서, 힘든 일이 닥칠 때마다 제 스스로 흘려보내기와 자기 사랑을 통해 두 책의 메시지를 가슴 깊이 받아들이고 효과를 확신하게 된 것을 감사하게 생각합니다.

릴리징 테크닉과 자기 사랑은 행복과 풍요를 만드는 훌륭한 두 가지 도구입니다. 모쪼록 많은 분들이 이 놀라운 메시지를 받아들여 소중한 삶을 더없이 행복하게 가꾸실 수 있으면 좋겠습니다.

끝으로 이 책이 다시 나올 수 있도록 도와주신 가디언 출판사의 신민식 대표와 늘 제 글에 관심을 가져주시고 꼼꼼히 편집해주신 최연순 본부장, 사랑의 마음으로 이 책을 만들어주신 박소희 북 디자이너께 깊은 감사를 전합니다.

그리고 이 책의 시작부터 끝까지 번역에 많은 조언을 아낌없이 해준 전서울 님께도 깊은 감사 인사를 전합니다.

2019년 봄의 문턱에서

편기욱

헌사

저의 스승이신 레스터 레븐슨은 '릴리징 테크닉Releasing Technique, 흘려보내는 법'의 창시자입니다. 그는 뉴저지주의 엘리자베스 출신입니다. 여러분이 이 책에서 얻어낼 해답들을 발견하기 전까지 그도 당신과 이 땅 위 대부분의 사람들과 다르지 않게 살았습니다.

레스터는 물리학자이자 엔지니어였습니다. 그는 책벌레였습니다. 독서량이 많아 방대한 양의 지식을 쌓았습니다. 그러나 물리학자와 엔지니어로 일한 경험, 독서로 쌓은 지식 그 모든 것으로도 그가 원하는 것을 얻을 수 없었습니다. 그는 행복하기를 원했고, 세상 모든 사람들이 그러듯 행복을 찾아다녔습니다. 행복을 얻기 위해 모든 것을 시도해봤지만, 불행한 그 자리에 행복을 찾아 나선 상태로 끝났습니다.

　그러나 여러분이 곧 찾으려고 하듯이, 레스터가 단순하지만 경이로운 변화를 가져올 발견을 한 후에는 모든 것이 바뀌었습니다. 레스터는 완벽한 행복으로 가는 길을 찾았습니다. 그는 자신이 발견한 지혜를 주위 사람들과 나누는 것에 남은 삶을 바쳤습니다. 이 책을 통해 여러분들도 그 지혜를 공유하게 될 것입니다.

　레스터는 친절하고 배려심이 깊은 이타적인 사람이었습니다. 사람들은 그의 주위에 있으려고 늘 그를 찾아다녔습니다. 자신들이 알아야만 하는 것을 그가 이미 알고 있다고 느꼈기 때문입니다. 레스터가 뿜어내는 그 선량함을 나누고 싶어 했습니다.

수없이 많은 사람들의 삶이 바뀌었고, 레스터가 자신이 발견한 것을 이용해서 찾아낸 행복을 그들도 찾을 수 있었습니다.

이 책은 여러분과 레스터 레븐슨의 가르침에 깊이 감동한 모든 사람들을 위한 것이며, '레스터 레븐슨' 스승께 감사의 마음을 담아 이 책을 바칩니다.

차례

자신을
사랑하세요

불가능이란 없습니다

레스터 레븐슨은 불가능은 없다는 것을 보여주었습니다. 이 세상에 불가능한 것은 없습니다.

　무엇인가를 소유하고 싶나요? 자신을 사랑하는 법을 배우면 소유하고 싶은 것 그 이상을 소유할 수 있습니다. 무엇인가를 하고 싶나요? 자신을 사랑하는 법을 배운다면 하고 싶은 것 그 이상을 할 수 있습니다. 무언가가 되고 싶나요? 자신을 사랑하는 법을 배운다면 그 이상이 될 수 있습니다.

자신을 사랑한다면 당신에게 불가능한 건 없습니다.

사랑에 대해 배운다면, 자신이 언제나 사용할 수 있는 가장 강력한 도구를 갖게 되었다는 것을 깨닫게 됩니다. 사랑은 해답입니다. 사랑은 치유입니다. 사랑은 변화를 가져옵니다. 사랑으로 문제를 해결합니다. 사랑은 모든 것을 낫게 합니다. 어떤 병이든, 누구든 사랑으로 치료할 수 있습니다. 사랑은 견고합니다. 사랑은 힘입니다.

사랑은 해결 방법입니다. 사랑은 대답입니다. 당신을 사랑하는 법을 배우면, 이 세상은 당신 것이 됩니다. 자신을 사랑하는 법을 알면, 가장 좋은 에너지 속에서 살아갈 수 있습니다. 자신을 사랑하는 법을 배우면, 인간으로서 느낄 수 있는 최상의 감정을 경험하게 됩니다.

자신을 사랑하는 법을 배우면, 모든 것을 가질 수 있습니다. 모든 것을, 그리고 지금 당장은 손에 닿지 않는 것조차도 소유할 수 있습니다. 자신을 사랑할 때 세상은 당신이 원하는 대로 흐릅니다. 사람들도 당신이 원하는 대로 움직입니다. 돈도 당신이 원하는 대로 흐릅니다. 건강도 그렇게 될 겁니다. 성공 또한 마찬가지입니다. 행복 역시 당신이 원하는 대로 흐를 것입니다. 자신을 사랑할 때 당신 삶의 모든 것이 완벽해집니다.

저는 영업 사원이었습니다. 어느 날 영업 업무와 관련된 통화를 하던 중 100만 달러의 주문을 취소하겠다는 말을 들었습니다. 제 사무실로 돌아와서 저는 그 상황에 사랑으로 전념하고 주문을 취소한 고객에게 사랑을 보냈습니다. 관련이 있는 모든 것, 모든 사람을 위해 사랑의 자리를 마련했습니다. 다음 날 아침에, 그 고객은 저에게 전화를 해서 곰곰이 생각하고 또 생각했다고 말했습니다. 그는 제게 100만 달러의 수익을 남기게 될 300만 달러 상당의 금액을 주문했습니다. 그 후로 저는 제 삶의 모든 분야에 사랑으로 몰두하기 시작했습니다. 그러자 20년 이상 앓아오던 천식도 사라졌습니다. 여성과의 관계도 멋지게 변했습니다. 투자를 하면 두 배, 세 배의 수익을 내기 시작했습니다. 지금 저는 은퇴를 하고 세계 여행을 하고 있습니다. 사랑으로 전념하는 건 놀랍고도 그 효과가 확실합니다. 이것이 제 삶을 바꾸었습니다.

학교는 사랑을 가르치지 않습니다

당신은 학교에서 오랜 시간을 보냈습니다. 어떤 사람은 인생의 많은 시간 동안 학교를 다니기도 합니다. 그러나 그 누구도, 설령 박사 학위를 받은 사람조차도 사랑을 가르치는 과목을 들은 적이 없습니다. 학교는 어떻게 사랑하는지를 가르치지 않습니다. 학교는 사랑이 무엇인지 가르치지 않습니다. 학교는 무엇이 가장 중요한지에 대해 가르치지 않습니다. 가장 중요한 것은, 사랑하도록 이끄는 그것입니다. 학교에서는 사랑을 통해 행복해진다는 것을 가르쳐주지 않습니다.

이 책에서 사랑은 무엇이며 어떻게 사랑을 얻을 수 있는지 알게 될 것입니다.

사랑에 대해서 흔히 잘못 이해하고 있습니다. 사람들은 실제로 무엇이 사랑인지 모릅니다. 세상은 사랑이 무엇인지 안다고 생각합니다. 그러나 가까이 들여다보면, 세상이 사랑이라고 생각하는 것은 전혀 사랑이라고 할 수 없습니다. 오히려 그 반대입니다.

나를 위해 당신이 할 수 있는 것이 이것인가요? 내가 당신을 사랑한다면, 그 대가로 무엇을 줄 건가요? 만약 당신이 내가 바라는 것을 주지 않는다면, 난 당신을 사랑하지 않겠어요.

레스터 레븐슨은 사랑에 대해 깨달았습니다. 어디에서 사랑을 찾아야 하는지 알게 되었습니다. 자신의 삶에 사랑을 적용하는 법을 깨달았습니다. 레스터가 제게 보여준 것을 당신에게 보여드리겠습니다. 사랑에 대한 레스터의 이야기를 당신과 나누려 합니다. 당신의 가슴이 원하는 모든 것을 당신에게 가져다줄 사랑, 진정한 사랑에 대해 말하려 합니다.

세상은 뒷걸음치고 있습니다

이 세상 사람들 대부분이 사랑에 반대되는 것을 쫓아가고 있습니다. 레스터는 이것을 비非-사랑non-love이라고 했습니다. 사람들은 비-사랑을 실천하며 매일 더 많이 자신에게 그리고 서로에게 상처를 주고 있습니다.

이 지구의 수십억 명 사람들이 하루하루 비-사랑 속에서 살아가고 있습니다. 그런 모습을 멀리에서 찾아볼 필요도 없습니다. 텔레비전을 켜고 뉴스 채널을 돌려보세요. 비-사랑에 관한 것들을 바로 찾게 될 겁니다.

이 지구 사람들 대부분은 비-사랑의 편에 서서 살아갑니다. 이것을 싫어하거나, 저것을 싫어합니다. 이 사람을 싫어하거나 아니면 저 사람을 싫어합니다. 사람들은 어느 편을 좋아하지만 그 반대편은 싫어합니다. 더구나 다른 사람들이 자신을 위협한다고 느끼며 살아갑니다. 상상으로 위협을 만들어내고 그것에 대한 두려움 속에서 살아갑니다. 그들은 자신이 누구인지, 어떤 존재인지 모릅니다. 그저 그들을 싫어한다는 것만 알 뿐입니다. 개인마다 정도의 차이는 있겠지만, 이것이 싫어하는 감정 속에서 사는 모습입니다. 친절과 호의가 이 세상을 좌우하지 않습니다. 굳이 멀리 내다보아야 할 필요도 없이 금방 알 수 있습니다.

사람들 대부분은 방어를 하며 살아갑니다.

　"나 자신을 보호해야 해. 그래야 그들이 나에게 상처를 주지 못하지. 그래야 내가 가진 것을 빼앗지 못하지. 그래야 내 삶을 빼앗아가지 못해."

　그들은 모든 것에 이렇게 대립의 태도를 취합니다. "그 여자가 이런 저런 행동을 하니까 반대하는 거야.""저 모임의 의견에 찬성할 수 없어. 저 사람들은 나와는 다른 믿음을 갖고 있거든."

　이것이 비-사랑에서 나오는 태도입니다. 이것이 비-사랑에 근거를 둔 생각들입니다. 이것이 비-사랑에서 나오는 행동입니다.

7년 전에 저는 피자 전문점의 매니저였습니다. 일 년에 3만 달러를 벌었고 모든 종류의 피자를 맛볼 수 있었죠. 다행히 피자는 정말 맛있었습니다. 저는 이 기법(자기 사랑)을 알게 된 후 진지하게 실천해보았습니다. 일이 너무나 쉽게 풀렸어요. 현재 저는 개인 사업체를 운영하고, 만족스런 생활을 하며, 재산이 수백만 달러입니다. 살아온 시간 중 그 어느 때보다 훨씬 더 행복합니다.

사랑이 이 모든 것에 대한 해답입니다

해답은 모두를, 그리고 모든 것을 사랑하는 것입니다.

이 세상 대부분의 사람들은 완전히 반대로 하고 있습니다. 미워하고 싫어하면 어떻게든 자신을 보호할 수 있다고 생각합니다. 그러나 진실은 정확히 그 반대편에 있습니다. 비-사랑에서 비롯된 모든 생각, 감정, 행동이야말로 사람들을 아프게 하는데, 그들을 나약하게 만들어서 쉽게 상처받기 때문입니다.

이것이 대부분의 사람들이 놓치는 부분입니다. 자신에게 도움이 되는 것과 정반대로 살고 있습니다. 매 순간 자신에게 상처를 줍니다. 비-사랑을 통해 자신을 점점 더 끔찍한 고통 속으로 밀어 넣습니다. 비-사랑에서 오는 것이 극도의 무력감, 극도의 위험, 극도의 불행에서 온다는 것을 알지 못합니다.

사랑은 누구와 대립할 필요도, 무엇에도 반대할 필요가 없습니다. 사랑은 누구로부터도 무엇으로부터도 보호할 필요가 없습니다. 사랑을 하는 사람은 자신의 삶을 움직이는 우주 속에서 가장 강력한 힘을 가집니다. 부정성은 사랑을 하고 있는 사람을 건드릴 수 없습니다. 사랑한다는 것은 강해지는 것을 의미합니다.

사랑이 해답입니다. 그리고 사랑은 자신을 사랑하는 것에서 시작합니다.

이 책은 참된 사랑이 무엇인지 그리고 어떻게 그 사랑을 가질 수 있는지 보여줄 것입니다. 그러면서 당신에게 사랑을 실천하도록 요구할 것입니다. 제가 말하는 것을 실천해야 합니다. 이 책을 통해 저와 함께 실천할 것입니다. 이 책은 직접 실천하면서 참된 사랑이 무엇인지 배우는 것에 대해 말하려 합니다.

사랑을 실천하는 것은 당신이 할 수 있는 가장 쉽고 단순한 일입니다. 비-사랑을 실천하는 것이 힘든 법입니다. 모든 사람들의 얼굴을 바라보면 알게 됩니다. 비-사랑을 행하는 것은 사람들을 병들고 비참하게 만듭니다. 사람들의 행복과 풍요를 앗아갑니다.

사랑이 해답입니다.

그것을 스스로 증명해보세요. 참된 사랑이 무엇인지, 자신을 위해 찾아보세요. 어디서 참된 사랑을 발견할 수 있을지 그것이 얼마나 강력한지 알아내야 합니다. 사랑이 어떻게 삶을 변화시키는지를 자신을 위해 찾아보고 생활의 모든 부분에 행복을 전하세요.

누구나 사랑과 행복을 쫓는 데 정신이 없습니다. 사랑과 행복을 찾기 위해 많은 사람들이 애쓰지만 결국, 좌절과 절망 속에서 죽음을 맞이합니다. 그러지 않아도 됩니다. 당신은 모든 것을 가질 수 있습니다. 그뿐만 아니라 당신은 우주의 모든 사랑과 행복을 가질 수 있습니다. 사랑을 연습하겠다고 결심하세요. 우선 당신 자신을 사랑하는 것부터 시작하세요. 이 책에서 곧 그 방법을 배우게 될 것입니다.

당신이 자신을 사랑할 때, 모든 것을 얻게 됩니다. 사랑을 자신에게 적용해보세요.

사랑이 무엇인지 알게 되면 당신은 우주에서 가장 강력한 힘을 마음대로 쓸 수 있게 됩니다. 그러니 찾아야 합니다. 당신 자신이 그것을 증명하면 됩니다.

자신을 사랑하세요. 그리고 삶에 어떤 일이 벌어지는지 지켜보세요.
사랑은 해답입니다.

그것은 나 자신을 위해 한 일 중에서 최고의 것이었고, 제 인생에서 자신에게 선사한 가장 소중한 선물이었어요. 아무런 조건 없이 자신을 사랑하는 걸 배워가는 중입니다.

– NYK. 버지니아

좋은 일들이
당신 삶으로
다가오고 있습니다

이 책에서 배운 것을 연습하면, 긍정적인 일들이 당신에게 일어나기 시작할 것입니다. 당신의 삶에 일어나는 긍정적인 변화들을 확인해보세요. 우리는 이런 변화를 '성과물 Gains'이라고 부릅니다. 책에서 배운 것을 적용하는 대로 삶에 바로 좋은 일이 생길 거라는 기대감을 가지세요. 생각지도 못했던 '성과물'도 기대하세요.

당신이 이 책을 읽으면, 당신이 이 책에서 배운 것들을 실천하여 얻은 것을 전 세계 수많은 사람들, 모든 연령층의 사람들도 비록 사소하지만 수없이 많은 경험을 한 걸 보게 될 것입니다.

당신도 자신의 성과물을 적어보길 바랍니다. 이 책에서 배운 것을 삶에 적용하여 얻은 결과인 성과물을 적을 수 있도록 뒷부분에 빈 공간을 두었습니다. 당신 삶에 긍정적인 일이 생길 때마다 그것을 적어보세요.

성과물을 적다 보면 더 많은 성과물이 나타납니다. 성과물을 적으면 우주에 긍정성을 선언하게 됩니다. 삶에 무언가 좋은 일이 일어났다는 걸 선언하는 것입니다. 성과물을 적는다는 것은 감사의 마음을 표현하는 것입니다. 성과물을 적다 보면 더 많은 성과물이 들어올 수 있도록 자신을 활짝 열게 됩니다.

긍정성은 긍정성을 끌어당깁니다. 사랑에 대해 배울수록, 수많은 긍정적인 선물들을 삶 속으로 끌어당기게 될 것입니다.

당신의 마음은, 그건 어쩌면 우연일 뿐이라고 말할지도 모릅니다. 마음은 성과물을 축소시키기를 원할 것입니다. 그것을 보잘 것 없는 것으로 만들려 할 겁니다. 당신이 경험한 것에서 비롯된 어떤 긍정적인 것이라도 성과물이 됩니다. 긍정적인 '무엇이건'이라는 말에 주의하세요. 무엇이건 말입니다. 다른 방식으로 표현해봅시다. 어떤 성과물이건 그것은 성과물입니다. 삶에서 생긴 어떤 긍정적인 것이라도 성과물인 것입니다.

성과물은 대단한 것입니다. 성과물은 당신에게 일어난 긍정적인 무엇입니다. 긍정성은 더 많은 긍정성을 끌어당깁니다. 성과물을 글로 적으면, 적어야 할 성과물이 점점 더 많이 생겨납니다.

그것이 무엇이건 좋은 일이 생기면 성과물로 여기세요. 그것을 적으세요. 그 당시에는 사소하게 보이는 성과물일지라도 각각의 성과물들을 사랑하세요. 어떤 성과물이라도 사실 큽니다. 작거나 사소한 것 모두를 성과물로 여기세요.

그리고 글로 적어두면 당신은 또 다시, 또 다시, 또 다시 성과물들을 얻게 될 것입니다.

어디로 가고 있나요?

저는 결심했습니다. 의심하지 않습니다. 결정을 내렸고 그것은 가장 하기 쉬운 일이었습니다. 더 이상 전진과 후퇴를 반복하지 않습니다. 오직 목적만을 향해 앞으로 갑니다. 저는 새롭고 조용한 확신에 압도되었습니다.

— HZ, 미시간

누가 당신이 나아갈 방향을 결정해주나요? 그것은 바로 당신 자신인가요? 아니면 당신의 뜻과는 관계없이 일어나고 있나요? 혹시 거대한 헬륨 가스 풍선으로 자신을 묶은 사람에 대한 기사를 본 적 있나요? 그는 계산을 잘못했습니다. 그가 예상했던 것보다 훨씬 더 멀리 날아가버렸습니다. 그를 다시는 볼 수 없었습니다.

당신의 삶은 어떤가요? 당신은 어떤 의도로 모든 일을 하고 있나요? 만약 그렇지 않다면, 풍선을 매달려 날아가 버린 남자와 같은 결말을 볼 수도 있습니다. 선원들은 원하는 목적지에 도착하기 위해서 출항할 때 온 정성을 기울입니다. 그리고 당신도 마찬가지로, 그런 식으로 출항해야 합니다.

모든 일을 어떤 의도를 갖고 하십시오. 의도는 작은 목표들입니다. 의도는 당신을 원하는 곳에 도달하게 해줍니다. 그리고 당신이 목적지에 도달할 것이라는 확신을 줍니다.

당신은 무엇 때문에 이 책을 읽고 있나요? 당신의 목적지는 어디인가요? 이 책에서 무엇을 얻고 싶나요?

당신을 위해 제가 이 책에서 겨냥하고 있는 것을 먼저 말하겠습니다.

❖ 당신은 진정한 사랑이 무엇인지 알게 됩니다.
❖ 당신은 사랑하는 '방법'을 배웁니다.

❖ 당신은 사랑을 적용하는 법을 깨우쳐 삶에서 당신이
원하고 꿈꾸는 모든 것을 가질 수 있습니다.

❖ 이 책에서 당신은 사랑하는 능력을 더욱 키울 수 있는
도구를 얻게 됩니다.

❖ 당신은 자기 자신을 사랑하는 법을 체득하여 놀라운
성과물들을 얻을 수 있습니다.

자, 이제 당신 차례입니다. 이 책에서 당신이 얻고 싶은 성
과물들을 잠시 생각한 후 적으세요. 당신의 꿈을 그려보세
요. 사랑하는 법을 배우고 나면 더 이상 불가능은 없습니다.

당신이 자신의 멋지고 원대하고 신나는 꿈을 향해 즐거운 여정
을 떠나길 진심으로 기원합니다.

1

래리 크레인

레스터 레븐슨도 당신처럼 행복을 찾고 있었습니다.

레스터는 대부분의 사람들과 같은 길을 걸었습니다. 학교를 다니고 열심히 일했습니다. "다른 모든 사람들처럼 치열하게 살아왔습니다." 레스터는 이렇게 말했습니다. 그는 물질과 사람에게서 사랑을 찾았습니다. "저는 벽돌로 쌓인 세상이라는 벽에 머리를 심하게 부딪치고 있었습니다. 머리가 거의 터질 것 같았습니다."라고 그는 고백했습니다.

레스터는 궤양, 편두통, 황달, 신장결석을 앓았고 결국 두 번째 심장마비가 왔습니다. 두 번째 심장마비는 심각했고 42세의 나이에 그의 삶은 끝나가고 있었습니다. 현재에는 가능한 소위 '기적' 같은 치료법이 당시에는 없었습니다. 죽어가는 사람을 살릴 수 있는 심장 수술이나 약물, 기계 혹은 다른 어떤 것도 없었습니다. 레스터가 살 수 있는 방법은 없는 것처럼 보였습니다.

응급실에서 나왔을 때 주치의는 이렇게 말했습니다. "레스터 씨, 이런 말을 하게 되어 매우 유감입니다만, 당신에게 남아있는 시간은 2주, 길어야 3주 정도입니다. 저희가 더 이상 해드릴 수 있는 게 없습니다." 병원에서는 그가 죽음을 준비하도록 집으로 보냈습니다.

"전 밧줄 끝에 매달려 있었습니다." 레스터는 말했습니다.

"반드시 필요한 경우가 아니면 걸어서도 안 된다고 했습니다. 언제든지 급사할 수 있기 때문이었습니다. 살아오는 내내 매우 활동적이었던 제가 갑자기 더 이상 움직일 수 없다는 말을 듣는 건 정말 끔찍하고 충격적이었습니다. 정말 참담했습니다.

저는 극심한 공포에 휩싸였습니다. 언제라도 갑자기 죽을 수 있는 겁니다. 죽음에 대한 두려움에 떨며 며칠을 보내고 나니 갑자기 이런 생각이 들었습니다.

'가만, 난 아직도 살아 있잖아. 살아 있는 한 희망은 있어. 살아만 있다면 이 상황에서 벗어날 수 있을지 몰라. 난 뭘 하고 있는 거지?' 저는 질문을 하기 시작했습니다. '나는 무엇인가? 이 세상은 무엇인가? 이 세상과 나는 어떤 관계인가? 내가 이 세상에서 원하는 것은 무엇인가?'

제가 행복하기를 원했다는 것을 알았습니다. 자신에게 질문을 던졌습니다. '음, 그런데 행복은 무엇이지?' 저는 행복에 가장 가까운 것은 사랑이라는 걸 알았습니다. 그것은 엄청난 것이었는데, 제가 한 번도 행복을 가진 적이 없었기 때문입니다. 언제나 사랑 받기를 원했기 때문에 행복을 가질 수 없었다는 것을 알았습니다. 항상 외부에서 저를 사랑해줄 사람을 찾았습니다. 그 사람들이 나를 사랑하면 행복할거야, 이렇게 생각했습니다. 그러나 그렇게 가진 행복은 순식간에 사라졌고, 제게 남은 것은 비참한 기분과 병뿐이었습니다.

저는 자신의 삶을 되돌아보기 시작했습니다. 갑자기, 사랑을 할 때 제가 최고조의 감정을 가졌었다는 걸 어렴풋이 깨달았습니다. 제 행복은 제가 사랑하고 있는 것과 같다는 것을 알게 되었습니다. 제 사랑을 키울 수 있다면, 제 행복도 키울 수 있었습니다."

레스터는 사랑을 키우는 방법이란 바로 비-사랑이라는 마음을 놓아주는 것임을 알았습니다. 그는 자신에게 '나의 모든 비-사랑 마음을 없앨 수 있다면 더 좋아질까?' 물어보았습니다. 과거의 일들을 되짚어보기 시작했습니다. 사랑하지 않았던 누군가가 생각나면, 그 사람에 대한 마음을 사랑으로 바꾸었습니다.

몇 달이 지났고 레스터는 여전히 죽지 않았습니다.

그는 잠을 거의 자지 않았습니다. 거의 먹지도 않았습니다. 자신에 대한 작업을 계속해나갔습니다. 그러자 몸이 저절로 좋아졌습니다. 모든 비참함이 사라져버렸습니다. 그는 자신이 언제나 행복하다는 걸 알았습니다. 그는 완전히 회복되었습니다. 사실, 그 후 그는 평생 의사의 진료를 받지 않았습니다.

행복, 건강, 부 그리고 마음의 평화가 한 사람의 사랑하는 능력에 따라 결정된다는 것을 깨달은 것은 레스터 레븐슨이 우리에게 선사한 엄청난 통찰력이자 선물입니다. 그는 여생 동안 자신이 찾아낸 이 비밀을 다른 사람들도 발견하도록 도우며 살았습니다. 의사에게 2주밖에 살 날이 남지 않았다는 진단을 받은 후 레스터는 42년을 더 살았습니다. 세상을 떠나기 전에, 그는 제게 그의 일을 이어달라는 부탁을 했습니다.

2

10층 옥상에서
뛰어내리려 했습니다

저는 래리 크레인입니다. 어느 금요일 늦은 밤, 제 삶은 심각한 위기에 놓였습니다. 그날 밤 저는 맨해튼에 위치한 제 소유의 펜트하우스 테라스에 서 있었고, 뛰어내릴 생각이었습니다.

저의 이야기를 처음부터 들려드리겠습니다.

저는 브롱코스의 어느 가난한 가정에서 태어나고 성장했습니다. 우리 식구는 지하에서 살았습니다. 그래서인지 저는 부자들은 높은 층에서 살고 가난하면 지하에 사는 것이라고 생각했습니다. 어린 시절부터 내내 저는 가리지 않고 열심히 일했습니다. 공격적으로 보일 만큼 적극적으로 일하며 뉴욕대학교 스턴 경영대학원까지 다녔습니다.

대학원을 졸업하자 저에게 아버지는 일주일에 100달러를 벌 수 있으면 성공한 것이라고 말씀하셨습니다. 그렇지만 함께 졸업한 친구들 중 몇몇은 이미 그보다 더 많은 돈을 벌며 성공적으로 사회생활을 시작했다는 것을 알게 되었습니다. 그래서 '나도 그 애들만큼 똑똑해. 충분히 그 정도로 성공할 수 있어'라고 자신에게 말했습니다. 사는 것에, 그리고 일하는 것에 모두 매우 공격적이었습니다. '내 앞에서 모두 비켜. 원하는 걸 갖고 말겠어. 내가 원하는 걸 가지겠어. 방해가 된다면 너도 쓰러뜨릴 거야.' 속으로 이렇게 말하며 저는 정상을 향해 계속 올라갔습니다.

광고업을 시작한 지 몇 년 만에 큰 성공을 거두었고, 저는 독자적으로 DM 광고 사업을 시작했습니다. 텔레비전에서 레코드 전집을 DM 방식으로 판매한 것은 제가 최초

였습니다. 제 회사는 단시간 내에 엄청나게 성장하여 저는 수백만 달러를 벌어들였습니다. 첫 번째 부인과는 헤어졌지만 매우 아름다운 여성과 두 번째 결혼도 했습니다. 맨해튼 지역에 방 10개가 있는 화려한 복층 아파트도 마련했습니다. 리무진과 비행기도 구입했습니다. 사업은 계속 번창하여 세계 각지에 지사를 두었고 수입도 계속 늘었습니다. 그런데 저는 비참한 기분이었습니다. 이유가 무엇이었을까요? 모든 것을 가졌는데 비참한 기분이 들다니, 저는 너무도 혼란스러웠습니다.

《타임》지에 저에 대한 기사가 실린 후 어느 날, 저는 여느 때처럼 리무진에서 내려 아파트 현관으로 들어갔습니다. 도어맨이 저를 반기며 말했습니다. "크레인 씨가 이 건물에 사시다니 정말 영광입니다. 제가 이렇게 직접 크레인 씨를 모실 수 있어 기쁘게 생각합니다." 제 기억이 맞다면 금요일 저녁 9시경이었을 겁니다. 저는 엘리베이터에서 내려 집으로 들어갔습니다. 그 순간 뭐라 형용할 수 없이 불행하고 비참하다고 느꼈습니다. 자신도 모르게 테라스 쪽으로 걸어갔습니다. 그리고 두 시간 동안 아래로 뛰어내려 모든 것을 끝내버릴까 고민했습니다.

다행히 그날 밤 저는 뛰어내리지 않았습니다.

저는 그날을 제 삶에서
두 번째로 기억에 남을 만한 날이라고 말하는데,
제 삶의 전환점이 되었기 때문입니다.

레스터 레븐슨이 그랬던 것처럼 저도 그날 밤 제 삶을 되
돌아보기 시작했습니다. '나는 이 땅에서 무엇을 하고 있을
까? 산다는 게 뭘까?' 자신에게 이런 질문을 했습니다. 그
리고 자신이 여기에서 무엇을 하는지 모른다는 것을 깨달
았습니다. 제 삶에는 오직 돈밖에 없었습니다. 돈이 제 유
일한 관심사였습니다. 심지어 벌어들인 돈만큼 쓰거나 즐
기는 것조차 자신에게 허락하지 않았습니다. 전 매우 혼란
스러웠습니다.

그래서 그날 밤 해답을 찾아야겠다고 결심했습니다. 사
실 저는 비참하거나 불행을 느낄 만한 상황에 놓여 있지 않

있었습니다. 백만장자였고, 아름다운 아내와 아이들이 곁에 있었습니다. 전 세계에 지사를 둘 정도로 성공한 사업체의 소유주였습니다. 언론도 저에게 주목했고, 흔히 성공한 사람이라면 가질 만한 모든 것, 남에게 과시할 수 있는 모든 것을 가졌습니다. 그런데 저는 비참한 기분이었습니다.

제게는 해답이 절실했습니다.

마약을 하거나 술을 마시지는 않았습니다. 그런 것에는 애초에 관심도 없었습니다. 정신과 치료도 받아들이기 어려웠고, 명상 요법이나 요가에도 마음이 열리지 않았습니다. 당시 저는 모든 마음의 문을 닫고 있었습니다. 하지만 해답을 찾기로 결심한 겁니다. 그것이 무엇인지는 알지 못했습니다. 몇몇 뉴에이지에 관한 수업도 들었습니다. 그런 수업을 들은 후에도, 저의 불행을 끝낼 수 있는 해답을 여전히 찾지 못했습니다.

저는 계속 노력했습니다. 제가 원하는 해답을 여전히 찾지 못했습니다. 그 고통과 비참함에서 벗어나는 것이 제가 유일하게 바라는 것이었습니다. 제가 화가 나 있다는 것을 깨달았습니다. 제가 두려움을 갖고 있다는 것도 알았습니다. 그다지 영리하지 못하게 파괴적으로 행동했다는 것도 알았습니다. 그러나 여전히 무엇을 해야 할지 알지 못했습니다. 어떤 수업도 그것에 대해 알려주지 않았습니다. 저는 점점 더 좌절했습니다.

그러던 어느 날, 한 영업자가 제 사무실에 왔습니다. 제 사무실 벽에는 흥미로운 영적 자기 수양에 관한 몇몇 인용문을 적어놓았는데, 때로는 제가 찾고 있는 답에 대한 대화를 유도하기도 했습니다. 그 영업자는 인용문들을 보더니 '릴리징 테크닉'에 대해 말해주었습니다. 그것은 제게 깊숙이 다가왔습니다. 그 주말에 수업에 참여하겠다고 결심을 했습니다. 바로 그 주말에 레스터 레븐슨을 만났습니다.

레스터 레븐슨을 만난 그날은
제 생애 최고의 날이었습니다.

3

이것을
아는 사람은
거의 없습니다

자신을 사랑하고, 사랑하는 상태에 있으면 진정한 사랑이
무엇인지 알 수 있게 됩니다.

거의 모든 사람들이 자신은 사랑이 무엇인지 안다고 생
각합니다. 그렇지만, 아주 적은 수의 사람들만이 알 뿐입니
다. 많은 사람들이 영화나 유행가 가사 같은 것을 통해 사
랑에 대한 지식을 얻습니다. 로맨스를 사랑이라고 착각하는
사람들도 많습니다. 흥분을 사랑으로 오해하기도 합니다.
대부분은 사랑을 거래로 보고 있습니다. "당신이 내가 원

하는 대로 한다면, 나는 당신을 사랑할 거예요. 하지만 내가 원하는 대로 하지 않으려면, 내 인생에서 나가주세요"라고 말합니다. 심하다는 생각이 든다면 자신의 경험을 떠올려보세요. 사람들은 소위 연인이라는 사람들 때문에 화를 내는데, 자신이 원하는 대로 행동하지 않아서입니다. 그래서 이혼 법정이 언제나 북적이고 있습니다.

사랑은 대부분의 사람들이 생각하는 것과 다릅니다.

사랑이 실제로 무엇인지 알아봅시다. 무엇이 정말로 사랑인지 알면 우리가 사랑을 하는 데 도움이 됩니다. 다음 글을 보면, 레스터 레븐슨은 자신만의 언어로 사랑에 대해 말하고 있습니다.

"사랑을 잘못 이해하고 있습니다. 이 세상이 사랑을 노래하고, 사랑에 대한 글을 쓰고, 사랑에 관한 영화를 만들지만, 정작 사랑에 대해서는 알지 못합니다. 영화는 서로를 설득하여 자기의 사람으로 만드는 것을 묘사합니다. 모든 것이 인간의 사랑입니다. 인간의 사랑은 이기적입니다. 신성한 사랑은 완전히 이타적입니다. 진정한 사랑은 우주를 얻는 것이며, 한 명이 아니라 모든 사람, 모든 존재를 얻는 것입니다. 진정한 사랑, 신성한 사랑은 우주 안의 모든 존재를 영원히 인정하고 포용하는 것입니다."

거의 모든 사람들은 자아ego를 인정하는 것을 사랑이라고 착각합니다. 그것은 사랑이 아니며 확실할 수도 없습니다. 그 결과, 사람들은 끊임없이 사랑을 갈망하고 요구합니다. 이것은 오직 혼란만을 야기할 뿐입니다.

사랑의 가장 정확한 정의는 어떤 대가도 바라지 않는 주고 싶은 마음입니다. 사랑은 어떠한 애착을 가지지 않은 주는 행위giving입니다.

사랑은 주는 것입니다

당신이 사랑할 때, 당신은 주고 있는 겁니다. 그것은 매우 자유롭게 주는 행동입니다. 물질적인 것을 줄 수도 있지만, 주는 태도를 갖는다면 훨씬 더 좋습니다. 당신의 태도는 다른 사람이 원하는 것을 가질 수 있기를 당신도 바라는 것입니다. 어머니가 자신은 생각하지 않고 자식들을 위해 모든 것을 희생하고, 베푸는 행동이 가장 훌륭한 사례입니다.

대부분의 사람들은 사랑의 마음으로 주지 않습니다. 주는 행위로부터 인정을 받을 거라고 생각하기 때문에 주는 것입니다. '나를 좀 봐, 지금 선행을 베풀고 있잖아.' 혹은 '신문에 내 이름이 실릴지도 몰라.' 이런 비슷한 생각들을 하고 있습니다. 이런 식의 사랑은 당신을 곤경에 빠뜨리게 될 것입니다. 당신이 사랑에 대한 대가로 무엇인가를 갈망하기 때문에 사람들은 당신에게서 진을 빼려 할 겁니다. 당신이 사랑으로 가장하여 자신을 높이 올리려 하기 때문에 사람들은 당신을 끌어내리려는 것입니다.

사랑은 변함없는 태도입니다

사랑이란 지속적으로 유지되어야 하는 태도입니다. 그것은 변하지 않습니다. 사랑은 대가를 원하지 않는 태도입니다. 지금 말하는 사랑은 당신이 모든 사람들에게 주어야 할 사랑입니다. 당신이 무엇이 실제로 사랑인지를 알고 사랑하면, 가족을 사랑하는 것처럼 낯선 사람도 사랑하게 됩니다. 당신을 반대하는 사람도, 당신을 지지하는 사람처럼 사랑하게 됩니다.

당신이 사랑을 발전시키면, 사랑은 내면에서 진화하는 그런 지속적인 태도입니다. 사랑을 연습해야 합니다. 우선 가족부터 시작하세요. 가족을 더욱더 사랑하도록 노력하세요. 가능한 한 각각의 가족 구성원들을 그 존재 그대로 인정하세요. 특히 아이들과는 쉽지 않을 겁니다. 가족의 모든 구성원은, 아이들도 포함해서, 신의 전체적이고, 완벽하며, 무한한 개개의 자녀들입니다. 만약 할 수 없다면, 할 수 있을 때까지 노력하세요. 그리고 친구에게 같은 태도를 보여주세요. 그 다음에는 낯선 사람들에게, 그 다음에는 모든 사람들에게 보여주세요.

사람들은 서로를 원하는 것, 그것을 사랑이라고 생각합니다. 서로 소유하고, 집착하고, 주변에 울타리를 치는 것은 사랑의 의미와는 반대편에 있습니다. 세상이 사랑을 바라보는 방법은 사랑을 나누는 것에 관해서는 아니지만, 개인적으로 만족하고 자아의 어떤 필요성을 충족시킵니다. 진정한 사랑, 지금 말하고 있는 진정한 사랑은 서로 나누는 것 이상의 어떤 것도 바라지 않습니다. 사랑을 많이 나누면 나눌수록, 기쁨은 점점 더 커집니다.

수용이란 말은 사랑의 또 다른 훌륭한 정의입니다. 당신이 사람들을 사랑하면, 그들을 있는 그대로 받아들이게 됩니다. 그들을 바꾸려고 하지 않습니다. 그들의 존재 자체를 인정합니다. 다른 말로 표현하자면, 당신이 원하는 방식으로 그들을 바꾸려고 노력하기보다는, 그들이 원하는 모습 그대로를 허용한다는 의미입니다.

사랑은 당신이 사랑하는 사람들을 자유롭게 해줍니다. 사랑할 때, 당신은 그들 그대로의 방식 때문에 그들을 사랑합니다.

사랑이 가득할 때 당신은 스스로를 마치 다른 사람인 것처럼 느낍니다. 타인을 마치 자기 자신처럼 돌보게 됩니다.

우리가 평소 감정에 대해 생각하는 의미에서 보면 사랑은 감정이 아닙니다. 감정은 움직이는 에너지입니다. 그것은 격렬하고, 능동적이며, 불안한 것입니다. 사랑의 느낌은 가장 평화로운 느낌입니다. 그런 의미에서 사랑은 감정이 아닙니다.

사랑은 힘입니다

사랑은 엄청난 힘입니다. 마하트마 간디가 훌륭한 사례를 보여주었습니다. 그는 영국인은 인도인의 형제이며, 그들을 사랑해야 한다고 가르쳤습니다. 그는 영국인에게 무저항으로 응대하라고 가르쳤고, 그를 따르는 사람들에게 영국인을 향해 오직 사랑만을 표현하라고 했습니다. 당신이 적을 사랑하면, 당신에게 더 이상 적은 없습니다.

적을 사랑하는 것은 가장 높은 차원의 사랑입니다. 적을 사랑하면 적을 무력화시키고, 힘을 잃게 만들어서 당신을 해칠 수 없게 됩니다. 당신이 진정으로 사랑한다면, 당신은 절대 다치지 않습니다.

사랑은 누구에게는 적용되고, 누구에게는 적용되지 않는 것이 아닙니다. 진정한 사랑은 켜졌다 꺼졌다 하지 않습니다. 당신이 사랑을 할 때, 누구는 사랑하고 누구는 미워한다는 것은 불가능합니다. 누군가를 다른 사람보다 더 사랑하는 것은 그가 당신을 위해 무언가를 하기 때문입니다. 그것은 무언가를 받으려 노력하는 것이지 지금 우리가 말하고 있는 사랑이 아닙니다. 그것은 인간적인 사랑이며 우리가 말하고 있는 진정한 사랑이 아닙니다. 누군가를 싫어하는 정도만큼 누군가를 사랑할 수 없습니다. 당신의 사랑이 누군가를 싫어하는 마음보다 더 클 수는 없습니다.

나에게 잘해주기 때문에 그를 사랑한다면, 그것은 인간적인 사랑입니다. 지금 우리가 말하고 있는 사랑이 아니며, 만약 나에게 잘하지 않는 순간 그를 미워하게 되기 때문입니다. 진정한 사랑에는 조건이 없습니다. 진정한 사랑은 나에게 적대적인 사람조차 사랑하는 것입니다. 간디는 우리에게 그 방법과, 그런 사랑이 얼마나 효과적인지도 보여주었습니다.

여기 진정한 사랑에 대해 당신이 어디쯤 와 있는지 측정할
수 있는 방법이 있습니다. 모든 사람들을 똑같이 사랑하세
요. 모든 사람들을 똑같이 사랑하는 능력은 당신이 진정한
사랑에 얼마나 가까이 있는지를 정확히 측정해주는 훌륭
한 기준입니다. 자신의 상태를 점검하기 위해 적을 바라보
세요. 만약 그렇게까지 하고 싶지 않다면 낯선 사람을 보세
요. 낯선 사람들을 대하는 자신의 태도를 살펴보세요.

   당신의 목표는 모든 존재와 모든 사람들을 똑같이 사랑
하는 것입니다. 이러한 태도는 '당신은 나이고, 나는 당신입
니다'가 되어야 합니다. 그들이 나의 가족인 것처럼 행동해
야 합니다. 모든 어머니들이 나의 어머니입니다. 모든 아버
지들이 나의 아버지입니다. 모든 아이들이 나의 아이들입
니다. 이해를 하면 이런 태도에 도달할 수 있습니다. 이것
이 사랑이라는 말의 진정한 의미입니다. 이런 태도로 당신
은 모든 존재를 향하여 사랑하는 마음을 유지합니다. 모든
존재를 무해한 태도로 대합니다. 당신은 모든 존재들이 스
스로가 원하는 대로 존재할 수 있기를 바라는 태도를 견지

합니다.

사랑을 받기 위해서가 아니라 사랑을 하기 위해서 노력해야 합니다. 사랑을 얻는다는 건 불가능합니다. 오직 사랑함으로써 당신은 사랑을 경험할 수 있습니다. 사랑 받기 위해 처절히 노력하는 것은, 순간적인 행복과 자아가 바닥을 친 후에야 가능한 자아의 상승을 가져올 뿐입니다. 당신이 충분히 사랑한다면 사랑 받지 못할 가능성은 없습니다.

우주에서 가장 쉬운 일이 바로 모든 사람을 사랑하는 것입니다. 일단 사랑이 무엇인지 깨닫기만 하면, 그것은 가장 하기 쉬운 것이 됩니다. 사랑하지 않는 것이 아주 고통스럽고 힘이 듭니다. 모든 사람을 사랑하지 않으려면 엄청나게 노력해야 합니다. 사랑하면 당신은 모든 사람들과 하나가 됩니다. 평화가 찾아오고 모든 것이 멋지게 제자리를 찾아 갑니다.

당신은 사랑에 대한 자아의 생각 때문에 혼란스럽습니다. 사랑에 대한 세계의 생각은, 당신이 무언가를 줄 때, 무엇을 주건 그것보다 당신은 적게 갖는 것입니다. 당신이 사랑할 때, 거기에는 다른 사람들을 위해 자기를 희생한다거나, 자기의 이익을 포기한다는 것 자체가 없습니다. 모든 사람을 사랑할 때, 우리는 스스로에게 상처를 주지 않습니다. 이것이 세계가 생각하는 것입니다. 그러나 그것이 우리가 말하고 있는 사랑은 아닙니다.

사랑은 가장 강한 힘입니다

당신이 온전히 사랑할 때, 상처를 입는다는 건 불가능합니다. 당신이 충만하게 사랑하면 당신은 결코 상처를 입지 않을 겁니다. 사랑할 때 경이로운 느낌만을 경험합니다. 사실 사랑을 할 때 최상의 기분을 느낍니다. 당신이 언제나 사랑하고, 모든 존재를 사랑할 때, 당신은 모든 것이 다 괜찮고, 모든 사람이 다 옳다는 엄청나게 경이롭고 따뜻한 태도만을 가지게 됩니다. 당신이 사랑을 할 때, 이렇게 세상을 바라보게 됩니다. 누군가를 미워할 때는 같은 세상을 정반대의 관점으로 바라봅니다. 그래서 사랑의 힘에 대한 이런 작은 비밀을 배운다는 것은 정말 대단한 일입니다.

무엇이 사랑인지 알게 되면, 사랑 뒤에 있는 힘은 수소폭탄보다 더 강력해집니다. 사랑은 우주에서 가장 강한 힘입니다. 이 사랑은 당신이 그동안 사랑이라고 생각하도록 배워왔던 것이 아닙니다. 사랑은 오직 자기 자신, 즉 신God입니다. 신은 사랑입니다. 신은 모든 힘의 원천입니다. 신과 함께하는 사람은 우세합니다. 오직 사랑과 함께하는 한 사람의 힘은 모든 세상을 상대할 수 있습니다. 사랑의 힘은 그렇게 강력하기 때문입니다.

사랑은 우주 안에 있는 모든 힘을 줄 뿐 아니라, 모든 기쁨과 모든 지식도 내어줍니다.

사랑하는 것, 사랑하는 능력을 키우는 것은 사랑하는 것을 연습하면서 얻어집니다. 앞에서 말한 것처럼 가족, 친구, 그리고 낯선 사람들을 사랑하는 걸 시작하세요.

아이들이 부모로부터 원하는 것은 바로 사랑입니다. 아이들을 속일 수는 없습니다. 아이들은 당신이 어떤 감정 상태인지 알고 그것을 느낍니다. 아이들은 당신이 입 밖으로

내는 말을 듣는 게 아닙니다. 당신은 자신의 감정을 속이고, 그럴듯한 말로 타인을 속이기도 합니다. 그러나 아이들을 속일 수는 없습니다.

아이들에게 사랑을 주는 건 그 아이의 삶에서 사랑을 키우게 하며, 그 아이가 가장 행복한 삶을 누릴 수 있는 조건이 됩니다.

저는 항상 어머니들에게 말합니다. "만약 자녀를 돕고 싶다면, 먼저 자기 스스로를 돌보세요." 그것이 바로 자녀를 돕는 가장 빠른 길입니다. 자녀를 사랑할 수 있기 전에, 무엇이 사랑인지 알아야 하며, 그것을 향상시키고, 사랑할 수 있는 능력을 갖춰야 합니다. 아이들과 다투고, 대립하는 대신 사랑할 수 있게 된다면, 그 결과는 정반대가 될 것이며, 부모와 아이들 사이는 완벽한 조화를 이루게 될 것입니다.

부모와 아이 사이가 대립하여 어려운 상황에 직면할 때는 오직 사랑이 무엇인지를 잊어버렸을 경우뿐입니다. 오늘날 이런 불화나 대립이 없는 가정은 거의 없습니다. 정도의 차이만 있을 뿐입니다. 현재 우리가 이런 상황에 놓인 이유는, 세상이 매우 혼란스러운 상태이기 때문입니다. 우리가 이 땅에 온 진정한 이유를 모두 잊어버리고 돈, 권력, 명예 등으로 불리는 잘못된 믿음을 쫓기 때문입니다.

사랑을 더 많이 연습하면, 더 많이 사랑하게 됩니다.

당신이 더 많이 사랑하면, 더 많이 사랑을 연습할 수 있습니다. 사랑하는 능력을 더 키우면, 우주와 조화를 이루게 되며, 삶이 더 밝아지고, 더 풍요로워지고, 모든 것을 더 많이 갖게 됩니다. 점점 더 위로 올라가는 순환에 몸을 싣게 됩니다. 사랑 받고 싶다면, 사랑하는 것이 그 방법입니다. 그것이 사랑을 얻을 수 있는 가장 좋은 길일 뿐 아니라, 사랑 받을 수 있는 유일한 방법입니다. 사랑을 주는 것, 우리가 준 모든 것들은 반드시 되돌아옵니다.

사랑하는 것은 쉽습니다. 왜냐하면 지금 이 순간 당신이 모든 사랑이기 때문입니다. 그러나 당신은 그걸 보지 못합니다. 틀린 태도, 비-사랑의 태도에 묻혀서 질식하여 죽을

지경이기 때문입니다. '그 남자는 싫어, 그 여자도 싫어, 그 사람들도 싫어, 그쪽 일하는 사람들이 싫어, 저런 유형의 사람들 딱 질색이야. 저 나라 사람들, 저 지방 출신들이 싫어.' 이런 태도들은 모두 사랑에 반하는 것이며, 당신 자체인 자연스러운 사랑을 덮고 있습니다. 이 모든 비-사랑의 태도는 당신의 실제 본성인 사랑의 존재에서 멀어지게 합니다.

비-사랑에 머물러 있으면, 비-사랑의 경험들이 돌아오고 사랑할 수 없는 일들이 더 많이 생깁니다. 비-사랑의 상황에 놓여 있다면, 경계하는 마음을 가져야만 합니다. 당신은 스스로를 보호해야 합니다. 당신이 세상을 사랑하지 않으면, 세상으로부터 항상 자신을 보호해야 하는데, 그러면 극도로 방어적인 태도를 갖게 하는 부정적인 생각들을 불러일으키고 수많은 세월 동안 무의식적으로 쌓이고 쌓여갑니다. 그러면 당신은 세상으로부터 자신을 지키려는 부정적인 생각을 굉장히 많이 하게 됩니다.

그러나 세상을 사랑하면, 정반대의 상황이 펼쳐집니다.

당신이 세상을 사랑하면, 세상은 당신에게 상처를 주지 않으며, 당신의 생각들은 고요해지고 마음이 평온해지며, 그때 무한한 자신이 바로 거기에 있으며 당신은 놀랄 만한 기쁨을 경험하게 됩니다.

당신은 무한한 본성, 무한한 기쁨을 되찾고, 제한된 생각들을 벗어버리게 됩니다. 이런 부정적인 생각들이 무한한 존재인 당신을 덮어 질식시킵니다. 기쁨을 누리는 능력을 덮어버립니다. 당신에게 필요한 것은 바로 이런 생각들을 잠재우고 없애는 것이며, 그러면 무한하고 영광스러운 존재, 절대적으로 완벽하고 절대 변하지 않는 당신 자신의 존재가 남을 것입니다.

사랑이 해답입니다

당신은 모든 행동을 통해 사랑을 찾고 있습니다. 모든 인간 존재는 행동 하나하나를 통해 사랑을 찾고 있습니다. 만약 당신이 자신의 모든 행동이나 사람들의 행동을 추적한다면, 그들이 찾고 있는 것은 과연 무엇일까요? 그들은 모두 사랑을 구하고 있습니다. 그것이 궁극적인 목표입니다. 그것이 모든 과정에서 가장 위대한 것이며, 그것이 사랑입니다. 우리의 삶은 너무 복잡하게 멀리 흘러가며 진보하지 못하는데, 오늘날 사람들은 더 불행하기 때문입니다. 저는 사랑이 부족하기 때문이라고 말하고 싶습니다.

사랑을 연습하면 당신은 우주 안에 존재하는 모든 원자에 영향을 줄 수 있습니다. 또한 모든 사람들에게, 그들이 의식하든 못 하든 관계없이 영향을 줄 수 있는데, 당신이 가장 강력한 힘을 불러일으켰기 때문입니다. 모든 사람들을 사랑해서 그들을 완벽한 존재로 만듭니다.

사랑은 모든 문제들에 대한 해답입니다. 무슨 문제이건 상관없이, 만약 당신이 사랑을 가장 충만한 상태까지 실행한다면 그 문제는 즉시 해결될 겁니다. 그저 악화시키지만 마세요. 모든 것이 괜찮을 것이며 모든 것이 잘 진행될 거라고 알면 됩니다. 그리고 오직 사랑을 느끼면, 아무리 어려운 문제라도 저절로 해결되는 것을 보게 될 겁니다. 문제가 있을 때, 당신이 더 많이 사랑하면 그것들은 사라집니다. 사랑이 완벽할 때, 어떤 문제라도 즉시 사라지게 됩니다.

사랑의 힘과 효과는 분명합니다. 그저 한 번만 시도하고, 실행해보세요. 그러면 분명 좋아하게 될 겁니다.

그것은 아주 강력한 것입니다. 그것을 사랑이라 부릅니다.

오직 사랑을 하는 것만으로 우리에게 사랑이 다가오게 할 수 있습니다.

더 많이 사랑할수록, 더 많은 사랑이 우리에게 다가옵니다.

저는 삶과 여러 상황에 대해 더 평화롭고, 수용적인 관점을 가지게 되었습니다. 모든 사람들에게 더 많은 사랑을(오직 사랑만을) 느낍니다. 이제 삶이 너무나 편안해졌습니다!

– GC, 캘리포니아

《다이너스티DYNASTY(1981년)》란 영화를 촬영하다 잠시 쉬었는데, 그 때 저는 이 방법을 배우겠다고 결심했어요. 그 당시 제 인생은 여러 가지 스트레스를 주는 상황으로 고통 받고 있었습니다. 이 방법들을 적용하자, 두려움과 걱정을 없앨 수 있었어요. 정말 효과적입니다.

– 조안 콜린스, 미국 작가이자 배우

"더 많이 사랑할수록, 더 많은 사랑이 다가옵니다."

4

어떻게
사랑을
얻을까요?

레스터 레븐슨은 사랑이 무엇인지 보여줄 것입니다.

지금, 사랑에 대해 어떻게 느끼고 있나요?

몇몇 사람들은 사랑에 대해 어떻게 느끼는지 살펴봅시다.

그들은 레스터가 말한 것을 좋아했지만, 사랑을 갖지는 못했습니다. 그들은 사랑을 얻기 위해 무엇을 해야 하는지 알지 못했습니다. 그들은 사랑을 얻는 법에 대해 스스로에게 끊임없이 질문을 던졌습니다. 사랑에 대해 화가 나거나 두려웠을 수도 있습니다. 걱정도 많았을 겁니다. 사랑을 얻지 못할 수도 있다는 생각에 당황했습니다. 그것이 사람들을 오랜 시간 동안 부정적인 상태에 머물도록 했습니다.

그들은 절대로 사랑을 가질 수 없을까봐 두려웠습니다. 충분한 사랑을 갖지 못해서 혹은 어떤 사랑도 받지 못해서 분노하고 있었습니다. 사랑에 대해 필사적이 됩니다. 너무 오랫동안, 심지어 평생 동안 그런 생각에 사로잡혀 있었습니다. 그들은 그저 더 많은 사랑을 원할 뿐이었습니다.

당신은 무언가를 느꼈나요? 방금 이 글을 읽으면서 부정적인 느낌이 들었나요? 부정적으로 느꼈다면, 이 모든 이야기들, 생각들이 부정적이기 때문이었습니다.

사랑을 가진 사람들이 저런 말을 할까요? 그들이 이 모든 부정적인 감정들을 갖고 있을까요? 아닙니다. 그렇지 않습니다.

당신은 얼마나 많은 사랑을 움직일 수 있나요? 사랑은 무한하게 공급될 수 있습니다. 당신은 가지고 싶은 만큼 많은 사랑을 가져야 합니다. 충분한 사랑을 가져야 합니다. 언제나 사랑을 느끼고 있어야 합니다. "내 삶은 사랑으로 가득 차 있어"라고 말할 수 있어야 합니다.

　사랑을 가진 사람은 자신에게 사랑이 풍족하다고 느낍니다. 자신에게 필요한 모든 사랑이 이미 자신에게 있다고 느낍니다. 만약 그들에게 사랑에 대해 어떻게 느끼는지 물으면, "최고예요!"라고 말할 것입니다. 아주 열정적으로 말입니다.

　그것이 사랑을 갖고 있는 그들의 대답입니다.

　우주의 법칙을 살펴봅시다. 긍정적인 것은 긍정적인 것을 끌어당깁니다. 사랑을 하고 있는 사람들에게는 사랑이 있습니다. 사랑에 대해 긍정적이기 때문에 그들에게 사랑이 있는 겁니다. 사랑에 관해서라면, 그들 마음속에는 오직 하나의 생각만이 있을 뿐입니다. 자신에게는 사랑이 풍족하다는 생각입니다.

우주의 법칙 반대편은 어떨까요? 부정적인 것은 부정적인 것을 끌어당깁니다. 사랑에 대한 부정적인 생각과 감정은 사랑에 대한 부정적인 생각과 감정을 더 많이 유도해서 사랑은 점점 더 적어집니다.

사랑하는 사람들은 사랑에 관해 항상 긍정적으로 생각합니다. 그들은 언제나 자신에게로 사랑이 다가온다고 느낍니다. 긍정적인 것이 긍정적인 것을 끌어옵니다.

사랑을 찾아 헤매고 투쟁하며 사랑에 대해 수많은 부정적인 생각을 가진 사람은 모든 부정적인 것으로 사랑을 멀리 밀어내고 있습니다. 그들은 '나에게 사랑이 부족해, 난 사랑 받을 수 없나 봐'라고 생각하며 사랑을 멀리 쫓아버립니다.

당신이 매 시간 무엇을 생각하건, 당신은 매 시간 그것을 더 많이 얻게 된다는 것이 진실입니다.

사랑을 얻으려면 사랑에 대해 긍정적으로 생각하세요. 다른 방법은 없습니다. 긍정적으로 생각하면, 긍정성이 당신에게로 오기 시작합니다. 이것이 우주의 법칙입니다. 간단합니다.

어떻게 긍정적으로 될 수 있을까요? 부정적인 것을 제거하면 긍정적으로 됩니다. 부정적인 것을 제거한다는 것은 당신에게서 비-사랑 감정을 없애는 걸 말합니다. 그러면, 당신은 더 많은 사랑을 경험하게 될 것입니다.

이것에는 결단이 필요합니다. 부정적인 것, 비-사랑 감정을 제거하세요. 긍정적으로 되어 항상 사랑하세요.

우주에 있는 모든 사랑이 바로 거기, 당신이 있는 그 자리에 있으며, 당신이 알아차리길 기다립니다.

저는 한 번도 제 자신에 대해 이런 좋은 감정을 갖게 될 거라고 생각하지 못했습니다. 이제는 일상생활에서 매일 사용할 수 있는 도구를 갖게 되었습니다.

– YM, 캘리포니아

5

당신이

할 수 있는

가장 중요한 것

자신을 사랑하세요

자기 사랑은 당신이 할 수 있는 가장 쉽고 가장 지혜로운 일입니다. 자기 사랑은 당신이 할 수 있는 가장 간단한 일입니다.

　자신을 사랑하세요. 이 짧은 문장이 당신의 삶을 바꿀 것이고 당신이 열망하는 모든 것을 당신에게 선사할 겁니다. 자신을 사랑하고 당신이 상상했던 것보다 더 많은 행복을 누리십시오.

지금까지 당신은 자신을 사랑하지 못했습니다. 당신 마음이 아주 사소한 일이라도 스스로를 자책하는 걸 선호했기 때문입니다. 곰곰이 생각해보세요. 당신의 마음이 하루에 몇 번이나, 아주 사소한 일조차 얼마나 스스로를 자책하게 하는지 들여다보세요.

주차할 곳을 찾을 수 없으면, 당신은 스스로를 자책합니다. 커피가 식어도 자신을 탓합니다. 얼굴에 뽀루지만 나도 자신의 잘못인 것 같습니다. 이런 식으로 하루에도 수천 번씩 자신을 자책합니다. 아시겠어요? 당신은 이런 마음의 소리에 귀를 기울여 자신을 자책하는 겁니다.

자신을 책망하는 것이 당신에게 조금이라도 도움이 되나요? 전혀 도움 되지 않는다고 당신이 동의할 것이라고 저는 확신합니다. 그러나 마음은 자신을 자책하는 것이 도움이 된다고 당신을 설득하여 확신을 가지게 합니다. 그것이 당신에게 무엇을 가져오는지 여기에서 살펴볼까요? 두통, 위통, 등의 통증 그리고 온몸에서 느껴지는 통증입니다. 이 통증들이 바로 당신이 스스로를 자학해서 나타나는 것들입니다. 또한 은행 계좌와 인간관계에 문제를 일으킵니다.

누군가에게 전화를 하세요. 야구방망이를 들고 당신의 집으로 오라고 하세요. 그가 도착하면, 그 야구방망이로 당신의 머리통을 힘껏 쳐달라고 부탁하세요. 정말 바보 같다고 생각되지 않나요? 자신을 못마땅하게 여길 때, 당신이 매일, 하루 종일 스스로에게 하는 행동입니다. 차라리 몽둥이로 머리를 맞는 게 나을 정도입니다. 하루가 끝날 즈음 완전히 지치는 건 당연합니다. 당신이 스스로에게 무엇을 하고 있는지 잘 살펴보세요.

스스로의 행복을 훔치고 있는 겁니다. 스스로의 삶을 저 멀리 밀어 던지고 있습니다. 당신이 그렇게 하고 있습니다. 이해하겠어요? 그동안 어떻게 했는지 한번 보세요. 자신을 두들겨 패는 데 평생을 써버렸습니다. 그것이 가끔씩 아프고 비참해지고 기운이 고갈되는 이유입니다. 결정을 내릴 때입니다. 이것은 당신을 돕지 않으며, 당신을 망치고 있습니다.

이것은 당신을 돕고 있지 않습니다. 행복하거나 건강하도록 돕지 않습니다. 살면서 긍정적인 그 어떤 것을 누리도록 돕지 않습니다. 왜냐하면 그것은 부정적이기 때문입니다.

스스로를 자학하는 건 부정적인 것이며, 당신을 위해 그 어떤 긍정적인 것도 할 수 없습니다. 스스로를 괴롭히는 걸 멈추겠다고 결심하세요. 그것은 당신을 도울 수 없습니다. 그 대신 자신을 사랑하겠다고 결심하세요. 그리고 자신을 더 많이 사랑하겠다고 결심하세요. 그리고 마음이 자신을 발로 차고, 비명을 지를 때조차도 자신을 더 많이 사랑하세요.

당신은 삶의 전환점을 만들 수 있습니다. 최고의 기쁨을 느낄 수 있습니다. 가장 최상의 기쁨을 느낄 수 있습니다. 자신을 사랑하고 지켜보세요.

저는 이제 자신을 자학하는 걸 흘려보냅니다. 그것이 가능하다고 생각하지 못했습니다. 수년간 피곤하고 우울했지만 지금은 생기가 넘치고 기분이 아주 좋습니다. 머릿속이 명료하고 평화롭습니다. 자신감도 생겼습니다. 수년간 패배감에 젖어 있었지만 지금은 '난

할 수 있어'라는 강한 느낌을 갖고 있습니다. 그리고 내가 스스로를 괴롭혔기 때문에 그렇게 힘들었다는 걸 이제 깨달았습니다. 이 모든 걸 영원히 끝냈습니다.

– LUF, 캘리포니아

자신을 사랑하세요. 노력하세요. 그걸 좋아하게 될 겁니다. 자신을 사랑할 때, 근래 최고의 기분을 느낄 것이기 때문에 당신은 그것을 좋아하게 될 겁니다. 자신을 사랑하면, 삶이 더욱 좋아지는 걸 알게 됩니다. 자신을 사랑하세요. 당신의 삶은 더 행복해질 것입니다.

마음이 당신에게 던지는 모든 명확한 증거들에 관계없이, 살아가며 무슨 일을 했었는지에 관계없이 혹은 실패를 했더라도, 자신을 사랑하세요. 자신을 사랑하고 무슨 일이 일어나는지 지켜보세요. 마음이 무슨 말을 하건, 자신을 사랑하세요. 전 세계 사람들이 무엇을 하건, 자신을 사랑하세요.

커피를 엎질러도 자신을 사랑하세요. 상사가 고함을 치며 화를 내도 자신을 사랑하세요. 감기에 걸렸을 때도 자신을 사랑하세요. 카드 청구서가 날아왔을 때도 자신을 사랑하세요. 은행 잔고가 비었을 때도, 자신을 사랑하세요. 지갑을 잃어버려도, 자신을 사랑하세요. 약혼자가 친구와 함께 달아났어도, 자신을 사랑하세요.

무슨 일이 일어나더라도 자신을 사랑하세요. 그리고는, 조금 더 자신을 사랑하세요. 지금까지 그랬던 것처럼 세상이 미친 듯이 돌아가겠지만, 당신을 위해 세상은 변할 것입니다. 자신을 사랑하세요. 그러면 세상이 긍정적으로 됩니다. 자신을 사랑하세요. 그러면 세상이 행복해질 겁니다. 자신을 사랑하세요. 그러면 당신의 모든 문제들이 녹아 없어질 것입니다. 당신이 부정성으로 덮어버린 그 사람을 사랑하면, 행복한 사람만이 그 자리에 남을 것입니다.

단지 일주일 동안이라도 자신을 사랑하고 얼마나 기분이 좋아지는지 느껴보세요. 돈이 전혀 들지 않지만 당신에게 모든 것을 가져다줄 것입니다.

자신을 사랑하세요. 그리고 사랑이 당신에게 다가오는

것을 지켜보세요. 당신이 자신을 사랑할 때, 사랑, 그리고 당신이 원했던 모든 것들이 당신 것이 될 겁니다.

간단한 일입니다. 자신을 사랑하세요.

6

인생이
좋아지는 것을
지켜보세요

사랑은 우주에서 가장 강력한 힘입니다.

진정한 사랑은 수소폭탄보다 강합니다.

　사랑을 행하세요. 더 많이 사랑하세요. 더 많이 사랑한다면, 당신이 좋아하지 않는 어떤 상황이라도 변할 겁니다. 사랑을 실천할 때 어떤 상황도 완벽하게 바뀔 겁니다.

'사랑을 행한다'는 것이 무슨 의미일까요? 무엇보다도, 미워하면 안 된다는 의미입니다. 말은 쉽습니다. 만약 누군가를 미워하는 사람에게 손을 들어보라고 하면 몇 명이나 손을 들까요? 아마 많지 않을 것입니다. 그러나 사랑하고 있지 않다면, 사랑의 반대인 미워하고 있는 것입니다. 아주 조금 혹은 그 이상까지 말입니다.

사랑에 반대되는 것을 표현하는 다른 단어로는 반감 disapproval이 있습니다. 만약 누군가에 혹은 무언가에 반감을 가지고 있다면, 부정적이고 반감으로 가득한 기운이 당신 안에 있는 것입니다. 오랫동안 습관이 되었기 때문에, 자신이나 타인을 못마땅하게 여기는 마음을 당연하다고 생각합니다. 심지어 그것이 당신을 위한 무언가라고 여기기도 합니다. 자세히 들여다보세요. 그것이 당신을 시궁창에 빠지게 한다는 것을 알게 됩니다.

좋은 출발점은 자기를 사랑하는 것입니다. 언제나 자신을 인정해주세요. 자신을 인정하면서 잠에 들고, 자신을 인정하면서 아침에 일어나세요. 마음이 이것을 원치 않을 것입니다. 마음은 이것을 잊어버리길 원합니다. 마음이 태만해지는 걸 극복해내세요. 자신을 인정하는 것이 어떻게 당신의 낮과 밤을 긍정적인 방향으로 움직이는지 보게 될 것입니다.

사랑을 행하세요. 더 많이 사랑하세요. 그러기 위해서, 우선 비-사랑을 흘려보내야 합니다. 반감을 흘려보내면서 자신을 인정하기 시작하세요. 비-사랑을 흘려보낼 때 더 사랑하게 될 것입니다.

당신은 자신이 사랑 그 자체라는 걸 잊었습니다. 비-사랑의 감정 때문에 당신의 본성이 사랑 그 자체라는 걸 잊은 것입니다. 비-사랑 감정을 흘려보낼 때 당신은 사랑함의 의미를 깨닫게 될 것입니다. 어떻게 그렇게 될까요? 매우 간단합니다. 그저 결심만 하면 됩니다. 당신은 비-사랑 감정을 흘려보낼 수 있나요? 네, 할 수 있습니다. 비-사랑 감정을 흘려보내고 본래부터 계속 사랑 자체였다는 걸 깨달으세요.

그것을 깨닫고 삶이 향상되는 것을 지켜보세요.

레스터 레븐슨은 자주 말했습니다. "저는 오직 할 수 있는 것만을 알 뿐입니다." 여기 사랑으로 존재하는 것의, 그리고 그 효과를 '실행하는' 사례가 있습니다.

우리는 비행 통제 시스템을 위한 필기시험 시스템을 구축하느라 직장에서 심하게 압박을 받았고, 스트레스에 시달렸습니다. 우리 검사자들에게 주어진 압박감은 엄청났지만 설계자들이 받는 압박감과는 비교도 되지 못했습니다. 설계자들이 받는 스트레스가 얼마나 컸던지 검사를 담당하는 우리들은 단 1분도 질문 같은 것으로 그들을 방해하면 안 되었습니다. 우리는 절반밖에 완성되지 않은 설계도에만 의지한 채 매우 복잡한 시스템을 검사했습니다. 그결과 진행 중인 계획은 계속 실패했습니다. 총책임자는 시스템 검사 계획 책임자를 거의 매달 교체하다시피 하였지만 결과는 달라지지 않았습니다. 연이은 실패였습니다.

'청부 살인자'를 불러들이는 것 외에 다른 대안이 없었습니다.

새로 부임한 그의 행동들은 사담 후세인의 리더십과 비견할 만했습니다. 그는 협박에 능했고, 소리를 지르고 고함을 쳤습니다. 때로는 몇몇 직원들을 그 자리에서 해고하기도 했습니다. 우리에게 사실상 불가능한 기한 내에 검사를 해내라고 명령했습니다. 모두 그를 미워했습니다. 그리고 그는 오히려 그것을 좋아하는 듯했습니다.

'음……' 저는 생각했습니다. '이 사람이 내 인생에 무슨 짓을 하는 거지?'

그가 나에게 무엇을 가르치려고 여기 있는 것일까?

저는 그에 대한 반감을 흘려보내고 그를 인정하기로 결심했습니다.

그는 마치 스펀지처럼 사랑을 흡수했습니다. 회의 시간에 간간이 농담도 하고 심지어는 저를 위해 자신의 맞은편에 자리를 마련하며 저를 특별히 주목하기 시작했습니다. 이제 '제 자리'가 된 자리에 다른 사람이 앉으면 정중하게 옮기라고 말했습니다. 그는 제게 전화를 하여 의논할 것이 있다며 자기 방으로 부르기도 했습니다. 제가 예상했던 것처럼. 그는 맹렬히 꾸짖는 대신 제 건강에 대해서 물어보았고 우리는 곧 영화에 대해 수다를 떨고, 그의 고향과 그의 어린 시절에 대해 담소를 나누었습니다.

그는 우리 팀을 따뜻하게 대하기 시작했고, 팀원들도 역시 그를 따뜻하게 대하기 시작했습니다. 그는 심지어 팀을 칭찬하고, 우리가 얼마나 잘하고 있는지, 그가 팀을 얼마나 자랑스럽게 생각하는지 말했습니다. 그는 프로젝트 건으로 몇 달간 더 우리 팀에 있었고, 경영진은 팀이 예정된 기한 내에 업무를 성공적으로 완수한 업적을 칭찬하며 그에게 포상을 주었습니다.

그가 떠날 때, 우리는 작별 인사를 했고, 그는 나를 안아주었습니다.

이것은 정말 놀라운 변화였습니다. 제가 의식적으로 그를 인정하면서, 모든 살아 있는 존재들은 모든 행동에서 사랑을 구하고 있다는 걸 깨달았습니다. 그는 즉시 반응했습니다. 그리고 그의 반응은 분명했으며 따뜻하고 진실했습니다.

지금까지 저는 그 사람에게 순수하고 무조건적인 사랑만을 갖고 있습니다. 그리고 제 의식 너머로 그 사람이 문득 떠오르면, 잠시 멈추어서 그에게 인정과 사랑을 보냅니다.

사랑의 힘은 무한합니다. 저는 제 경험을 통해 그것을 분명히 깨달았습니다.

– 조디 카, 애리조나

7

마음이
당신을
놓지 않을 겁니다

자기를 사랑하는 데 저항한다는 건 당신이 그것을 원하지 않는다는 의미입니다. 당신은 그것에 저항하고 있습니다. 저항하면 앞으로 나가는 것에 방해가 됩니다. 저항하면 당신이 자기를 사랑하는 것에 방해를 받습니다. 저항하면 당신이 자신을 위해 할 수 있는 가장 지혜로운 것을 하지 못하도록 합니다.

저항하면 당신은 비-사랑과 부정 속에서 꼼짝도 할 수 없습니다. 자기를 사랑하면 당신은 행복해지고, 건강하며,

경제적으로 윤택할 겁니다.

어느 무더운 여름날, 80대의 한 남자가 자신보다 한참 어린 젊은이들과 하이킹을 하고 있었습니다. 그 노인은 갑자기 가파른 언덕을 뛰어오르기 시작했습니다. 그는 젊은이들에게 자신을 따라오라고 손짓합니다. 그들은 언덕의 꼭대기에 이를 때까지 뛰고 또 뛰었습니다. 정상에 다다른 후 그들은 숨차고 힘들어 허리를 숙이고 헉헉거립니다. 그들은 천천히 숨을 고르다가 80대 노인을 보고 깜짝 놀랍니다. 그 노인은 입가에 미소를 띠며 즐거운 모습으로 서 있습니다. 그는 전혀 숨찬 모습이 아니었습니다. 그는 숨을 몰아쉬지도, 땀을 흘리지도 않았습니다.

그 80대 노인이 바로 레스터 레븐슨이었습니다. 이 책의 서두에서 보았듯이 레스터는 죽음의 문턱까지 갔었습니다. 그는 사랑이 해답이라는 걸 깨달았습니다. 레스터는 비-사랑과 반감을 흘려보내면, 자신이 더욱 사랑하게 된다는 걸 알았습니다. 그는 자신의 몸, 재정 상태, 전 생애를 치유했습니다. 레스터는 사랑에 저항하는 마음을 흘려보냈고, 40

년간 그가 깨우친 깨달음을 다른 이들과 나누며 살았습니다.

"무엇이 당신을 막고 있나요?"

언덕을 뛰어오른 레스터처럼 당신도 삶에서 날아오를 수 있습니다. 저항하는 마음이 당신을 막고 있습니다. 쌓인 감정들은 말합니다. '난 쟤가 싫어, 저 사람들이 싫어, 난 그게 싫어.' 이런 것이 부정적인 비-사랑 감정들입니다. 그것들은 저항하고 있습니다. 당신 삶을 숨 가쁘게 만듭니다. 집에 돌아오면 기진맥진하여 소파에 주저앉아 몇 시간이나 꼼짝 않고 있었던 적이 있나요? 저항하는 당신의 비-사랑 감정 때문입니다.

살아오는 동안 당신은 부정적이고 비-사랑인 기운을 축적해왔습니다.

당신의 삶에 왜 부정적인 결과가 생겼고, 긍정적일 수 있었고, 또 긍정적이어야 했는데 그렇지 못했는지 전혀 놀랍지 않습니다. 이제 당신은 압니다. 당신은 저항했기 때문에 비-사랑 상태에 갇혀 있었던 겁니다. 저항하면서 당신은 사랑하는 존재가 되지 못했고, 우주가 당신에게 주는 모든 것을 가질 수 없었습니다.

자기 본성인 사랑 그 자체, 긍정 그 자체, 풍요로움 그 자체를 부정적이고 비-사랑인 감정으로 억눌렀습니다. 자신의 긍정적인 에너지를 모든 비-사랑 감정들을 억누르는 데 쓰고 있었습니다. 그것들과 협상하고 싶지 않아서입니다. 그래서 당신은 소파에 털썩 주저앉아 기진맥진한 상태로 하루를 끝내고 있습니다. 80대의 노인인 레스터는 언덕 정상에 올랐을 때도 숨차지 않았는데도 말입니다.

마음속에 있는 저항감은 컴퓨터에 있는 바이러스 같은 존재입니다. 당신의 마음은 컴퓨터처럼 작동합니다. 컴퓨터에 부정적인 프로그램을 집어넣으면 컴퓨터는 고장을 일으킵니다. 당신의 정신적 컴퓨터에 비-사랑 감정들이라는 부정적인 프로그램을 집어넣으면 잘못 작동합니다. 컴퓨터에 너무 많은 부정적인 프로그램들이 깔리면 컴퓨터가 고철 덩어리로 변하는 것처럼, 마음도 그렇습니다. 저항감은 마음을 움직여 당신의 삶을 고철 덩어리로 변하게 만듭니다.

> 익숙하지 않은 업무들을 점점 더 잘 수행하게 되었습니다. 저는 활기에 넘쳤고 기쁨을 누렸습니다. 내면이 훨씬 더 평화로워졌고 조화롭게 되었습니다. 좀처럼 화를 밖으로 분출하지 않게 되었습니다. 만약 그렇게 할 때라도, 아주 빨리 진정할 수 있었습니다. 심지어 시력과 필적도 더 좋아졌습니다.
>
> — JW, 미네소타

일단 당신이 정신의 바이러스들을 제거하기 시작한다면, 당신 삶은 더 나아지기 시작할 겁니다. 사랑을 하는 것에 저항하는 요소들을 제거해야 합니다. 사랑을 방해하는 저항감들이 축적되는 걸 극복해야 합니다. 당신은 부정적이고 비-사랑 감정들을 벗겨내어 그 아래에 존재하는 사랑 그 자체, 행복 그 자체, 풍요 그 자체인 존재가 드러나게 해야 합니다. 그제야 비로소 당신의 정신적 컴퓨터는 설계된 그대로 작동합니다. 당신 삶의 모든 것들이 제자리를 찾아 돌아가게 됩니다.

사랑을 방해하는 저항감들을 제거하세요. 당신의 진정한 존재인 사랑에 마음을 활짝 여세요. 세상은 전혀 생각하지 못했던 방식으로 당신에게 다가갈 것입니다.

당신은 사랑하는 걸 저항하고 있나요? 사랑을 표현하는 것에 저항하고 있나요? 자신을 사랑하는 것에 저항하고 있나요? 부정적이고 비-사랑 감정들을 붙들고 있는 것은 당신의 본성 상태인 사랑 그 자체에 저항하는 것입니다.

이 세상과 70억 인구 대부분은 행복하지 않고, 건강하지 않고 풍요롭지 않으며 분명히 사랑하지도 않을 겁니다. 그러나 당신도 그럴 필요는 없습니다. 자신을 인정하지 않는 마음을 흘려버리고 스스로를 인정하세요. 당신과 관계를 맺고 있는 사람들을 인정하세요. 당신의 은행 잔고를 인정하세요. 당신의 신체 어느 부분 때문에 당신이 불편하더라도, 그것도 인정하세요.

당신 자신을 인정하세요. 자기를 사랑하는 것이 해답입니다. 이것은 그 어떤 사람도, 그 어떤 상황도 바꿀 수 있습니다. 사랑은 모든 것을 정복합니다. 우선, 긍정성이 빛을 비출 공간을 만들기 위해, 부정적이고 비-사랑인 감정들을 흘려보내세요.

> 자신을 사랑하는 것에 저항하는 마음을 멈추자 삶이 변했습니다. 직장에서 생산성이 높아졌습니다. 마음도 더욱 명료해졌습니다. 훨씬 더 자신감을 갖게 되었습니다. 저는 삶의 여러 상황들을 더욱 잘 처리하게 되었습니다. 어려운 상황에서도 마음이 평안했습니다.
>
> – YA M. D., 뉴욕

단지 결정하면 되는 일입니다. 삶은 결정입니다. 당신은 할 수 있습니다. 사랑할 수 있습니다. 당신은 반감도 흘려보낼 수 있습니다. 인정해줄 수 있습니다. 더 많이 인정해줄 수 있습니다. 그리고 당신은 언제나 늘 그렇게 할 수 있습니다.

당신 자신을 사랑하세요. 모든 이들을 사랑하세요. 그저 그렇게 하기로 결정하면 됩니다.

8

행하는 것 외엔
방법이
없습니다

제가 자기 사랑에 대한 책을 쓰려고 마음먹게 된 이유는 그것이야말로 당신이 할 수 있는 가장 중요한 것이기 때문입니다.

　자기 사랑은 당신이 자신을 위해, 가족을 위해, 그리고 이 지구를 위해 할 수 있는 가장 중요한 일입니다. 자기 사랑은 당신 삶의 모든 분야에 영향을 줍니다. 자기 사랑은 당신이 살아가면서 형성해가는 인생관 전체에 영향을 줍니다. 자기 사랑은 재정 상태에, 건강에, 모든 인간관계에, 특히나 당신과 가장 친한 관계에 있는 자신에게 가장 큰 영향을 끼칩니다.

자기 사랑은 당신을 더욱 긍정적으로 만듭니다. 당신이 점점 더 긍정적일수록 긍정적인 것들이 더 많이 삶에 밀려옵니다. 자기 사랑은 당신 삶을 바꿉니다. 사랑은 우주에서 가장 강력한 힘입니다. 당신이 자신을 사랑하면 당신은 그 힘에 합류하는 것입니다. 자신을 사랑하는 것보다 당신 자신에게 더 유용한 것은 없습니다.

자기를 사랑할 때, 당신은 행복하고, 건강하고, 성공적이 되고, 풍성해집니다. 당신이 자신을 사랑하면, 당신은 다른 모든 사람들을 사랑할 수 있게 됩니다. 자기를 사랑하면, 당신은 우주의 조화 속에 살게 되며, 항상 모든 것이 완벽하게 작용하게 됩니다.

당신이 자신을 사랑할 때, 자신을 인정하게 됩니다. 당신이 누군가를 사랑한다는 것은, 그들을 인정하고 있다는 의미입니다. 사랑을 주는 것과 인정하는 것은 다르지 않습니다. 긍정적인 생각들, 말, 그리고 감정들은 모두 인정하는 방법들입니다. 당신이 누군가 혹은 무언가를 좋아한다는 것은, 그것을 인정한다는 의미입니다. 긍정적인 기운은 어느 것이건 모두 인정입니다. 당신이 누군가를 혹은 무언가를 좋아하지 않는다면, 그것을 인정하지 않고, 사랑하지 않는 것입니다. 누군가나 무언가에 대한 그 어떤 부정적인 기운, 부정적인 생각들, 감정들은 모두 반감을 뜻합니다.

사랑하는 상태는 특별히 노력하지 않아도 사랑을 끌어당깁니다. 사랑하는 것이 제 삶을 변화시켰습니다. 저는 심지어 그것이 제 삶을 구원했다고 말하고 싶습니다. 제가 사랑하고 있을 때 저에게 한계란 없습니다.

– L.S. 미네소타

자기 사랑을 연습하세요.
그리고 당신의 삶이 어떻게 변하는지 지켜보세요.

당신은 이제 연습할 준비가 되었나요?

그렇다면 이제 시작합니다. 기억하세요. 여유를 가지되, 그저 글자만 읽기보다는 실제로 '즐겁게 해보는' 것이 좋습니다.

저는 당신에게 자신을 인정하는 방법을 보여주어, 무엇이 진정한 사랑이며 사랑은 어디에서 나오는지를 당신이 직접 발견하기를 바랍니다. 사랑은 당신의 외부 그 어딘가에서 오는 것이 아닙니다. 사랑은 당신 안에서 나옵니다.

자신을 어떻게 사랑하는지, 자신에게 어떻게 인정하는지 말로 하는 것보다 당신이 직접 체험하도록 해드리겠습니다.

만약 당신이 자신을 인정한다는 생각을 낯설어하는 많은 대다수의 사람들 같다면, 자신을 인정하는 것이 무슨 의미인지, 어떻게 해야 하는지, 무엇을 말하는 것인지에 대해 당황할 수도 있습니다. 자신을 사랑하는 것이 생소한 사람들은 때로는 이렇게 말할 겁니다. "이해할 수 없어요. 자신을 인정하는 법을 모르겠습니다. 당신이 무슨 소리를 하는지 모르겠어요."

만약 이런 의문과 생각이 든다면, 아마도 무의식적으로 자책하고, 자신을 인정하지 않고 있다는 의미일 겁니다. 무의식적이란, 자신이 무엇을 하는지 스스로가 알지 못한다는 의미입니다. 만약 당신이 자신을 무조건적으로 사랑할 수 없다면, 당신은 무의식적으로 자신을 인정하지 않고 있는 것입니다.

지구상의 70억 인구 대부분이 자신을 인정하지 않으며 자책하고 있습니다. 당신만 그런 것이 아닙니다. 이것은 우리가 아주 오래전에 선택했던 부정적인 습관입니다. 스스로가 그렇게 하고 있다는 걸 알아차리기도 힘든 그런 뿌리 깊은 습관입니다. 대부분의 사람들이 하루 온종일 스스로를 자책하고 괴롭히고 있습니다. 그것은 바로 그들이 항상 부정적인 기운 속에서 살고 있다는 걸 의미합니다. 세상이 지금처럼 제대로 돌아가지 못하는 것이 그렇게 놀랄 만한 일이 아닙니다.

당신은 사이드브레이크를 밟은 채
운전하고 있습니다.

그렇다면 이제 시작합니다. 기억하세요. 여유를 가지되, 그저 글자만 읽기보다는 실제로 '즐겁게 해보는' 것이 좋습니다.

저는 당신에게 자신을 인정하는 방법을 보여주어, 무엇이 진정한 사랑이며 사랑은 어디에서 나오는지를 당신이 직접 발견하기를 바랍니다. 사랑은 당신의 외부 그 어딘가에서 오는 것이 아닙니다. 사랑은 당신 안에서 나옵니다.

자신을 어떻게 사랑하는지, 자신에게 어떻게 인정하는지 말로 하는 것보다 당신이 직접 체험하도록 해드리겠습니다.

만약 당신이 자신을 인정한다는 생각을 낯설어하는 많은 대다수의 사람들 같다면, 자신을 인정하는 것이 무슨 의미인지, 어떻게 해야 하는지, 무엇을 말하는 것인지에 대해 당황할 수도 있습니다. 자신을 사랑하는 것이 생소한 사람들은 때로는 이렇게 말할 겁니다. "이해할 수 없어요. 자신을 인정하는 법을 모르겠습니다. 당신이 무슨 소리를 하는지 모르겠어요."

만약 이런 의문과 생각이 든다면, 아마도 무의식적으로 자책하고, 자신을 인정하지 않고 있다는 의미일 겁니다. 무의식적이란, 자신이 무엇을 하는지 스스로가 알지 못한다는 의미입니다. 만약 당신이 자신을 무조건적으로 사랑할 수 없다면, 당신은 무의식적으로 자신을 인정하지 않고 있는 것입니다.

지구상의 70억 인구 대부분이 자신을 인정하지 않으며 자책하고 있습니다. 당신만 그런 것이 아닙니다. 이것은 우리가 아주 오래전에 선택했던 부정적인 습관입니다. 스스로가 그렇게 하고 있다는 걸 알아차리기도 힘든 그런 뿌리 깊은 습관입니다. 대부분의 사람들이 하루 온종일 스스로를 자책하고 괴롭히고 있습니다. 그것은 바로 그들이 항상 부정적인 기운 속에서 살고 있다는 걸 의미합니다. 세상이 지금처럼 제대로 돌아가지 못하는 것이 그렇게 놀랄 만한 일이 아닙니다.

당신은 사이드브레이크를 밟은 채
운전하고 있습니다.

당신은 수도 없이 이런 경험을 했습니다. "이것에 대해 알아야 해. 도대체 나한테 뭐가 문제인 거지? 난 왜 이렇게 아둔하지? 난 왜 이렇게 바보 같은 걸까? 난 정말 멍청해." 이런 말을 들으니 왠지 익숙한 무언가가 떠오르지 않나요? 이것이 바로 자신을 '자책'한다는 걸 의미합니다.

자책하고 자학하는 것이 어떻게 당신을 도울 수 있나요? 해답을 찾게 해주나요? 당신의 문제를 해결해주었나요? 해결책을 말해주던가요? 어떻게 처신해야 하는지 알려주나요? 절대 그렇지 않습니다! 자책하고 자학한다고 당신에게 도움이 되지 못합니다. 조금도 도움이 되지 않습니다. 절대로 당신을 돕지 않습니다. 이해하겠습니까?

그러면 누가 그것을 하고 있나요? 누가 당신을 인정하지 않는 걸까요? 당신입니다. 그렇다면, 당신이 그러고 있다면, 당신이 스스로를 자책하고 있다면, 이것이 당신에게 도움이 되지 않는다는 걸 안다면, 결정을 내릴 필요가 있습니다. 당신은 긍정적으로 자신을 사랑할 수 있거나 혹은 부정적이 되어서 자신을 자학할 수도 있습니다.

어떤 결정을 내리겠습니까?

저는 당신이 자신을 사랑하기로
결정할 거라고 생각합니다.
그것은 현명한 결정입니다.

자신을 인정하지 않는 마음을 흘려보낼 수 있나요? 지금 이 순간 자신을 인정하지 않는 마음을 흘려보낼 수 있나요? 저와 함께 해봅시다. 자기를 사랑하기 전에, 이 모든 부정적이고, 인정하지 못하고 반감을 갖게 하는 에너지를 흘려보내야 합니다. 사랑의 공간을 만들기 위해 당신은 비-사랑을 모두 흘려보내야 합니다.

이제, 자신에 대한 반감을 흘려보낼 수 있나요? 때로 이런 생각이 생소한 사람들은 이렇게 말하기도 합니다. "글쎄요, 제가 그걸 할 수 있을지 없을지 잘 모르겠어요." 스스로에게 반감을 갖고 자책하는 걸 멈추는 것에 확신이 들지 않나요? 자책하면 기분이 좋나요? 당신은 이미 자책하는 것이 아무런 도움도 되지 않는다는 것에 동의했습니다. 당신

은 자신을 인정하지 않는 마음을 흘려보낼 수 있나요? 그
것은 아주 조금도 도움이 되지 않습니다.

> 저는 그저 초보자이지만, 자신을 인정하지 않는 것이 어떤 식으로
> 나에게 상처가 되는지 알았습니다. 스스로를 인정하지 못하는 걸
> 멈추자마자, 제 삶의 모든 영역에서 좋은 일이 생기는 걸 실감했
> 습니다. 돈 문제가 해결되었습니다. 너무 기쁩니다. 저는 명료해진
> 느낌과 행복함을 느낍니다. 제 아내는 제가 훨씬 멋진 남편이 되었
> 다고 말합니다.
>
> – GD, 펜실베이니아

그러니, 자신을 인정하지 않는 마음을 조금 더 흘려보낼
수 있나요? 그리고 자신을 인정하지 못하는 마음을 더 많
이 흘려보낼 수 있나요? 그리고 자신을 인정하지 못하는
마음을 더욱 많이 흘려보낼 수 있나요? 자신에 대한 반감
을 더 많이 흘려보낼 수 있나요? 이번에는 조금 더 많이?
이제 자신을 인정하지 않는 마음을 조금 더 많이 흘려보낼
수 있나요? 그리고 조금 더? 그리고 조금 더?

그리고 이제 자신을 있는 그대로 인정할 수 있을까요? 아주 지혜로운 행동이 될 겁니다. 자신을 조금 더 좋아할 수 있나요? 자신을 아주 조금 더 좋아할 수 있나요? 자신을 좋아하는 것, 그것은 인정하는 것입니다. 자신을 사랑하는 것은 인정하는 것입니다.

자신을 사랑하는 것은 자신을 인정하는 것입니다.

이제 자신을 약간 인정할 수 있나요? 자신을 조금 더 인정할 수 있나요? 당신은 자신을 조금 더 인정할 수 있나요? 그리고 자신을 조금 더 인정할 수 있나요? 그리고 자신을 더 많이 인정할 수 있나요? 그리고 조금만 더?

이제, 기분이 어떤지 한번 보세요. 기분이 나아졌을 겁니다. 그렇지 않나요? 자신을 자책하는 마음을 흘려보낼 때, 기분이 더 나아집니다. 자신을 인정하면 더욱더 긍정적으로 변합니다. 자신을 인정할 때마다 기분이 더욱더 좋아집니다.

자신과 타인을 인정하는 건 정말 엄청난 선물이고 인간관계를 치유하고 자기 자신을 치유하는 훌륭한 도구입니다.

— GC. 캘리포니아

연습 삼아 시험해보겠습니다. 자기 사랑에 대해 생각하세요. 자신을 사랑하는 것이나 혹은 자신을 인정하는 것에 대해 생각해보세요. 이제 머리를 숙이고 위장 혹은 가슴을 향합니다. 거기에 수축하거나 옥죄는 느낌, 불편한 느낌들이 있는지 한번 살펴보세요. 만약 그렇다면, 무의식적으로 자신을 인정하지 않고 있는 것입니다.

이것에 대해 스스로를 탓할 필요는 전혀 없습니다. 아주 오랫동안 자신을 인정하지 않았으며, 당신에게 그것은 처음인 겁니다. 그러니 자신에게 관대하세요. 자신에게 시간을 주세요.

좋습니다. 이제 아까 느꼈던 그 수축감, 당신의 위장과 가슴에서 느꼈었던 기운과 접촉해보세요. 좋습니다. 이제 그 수축감 바로 위로 상상의 문을 열어, 그 문을 통해 기운이 빠져나갈 수 있도록 하세요. 그리고 그 문을 통해 더 빠져나가도록 하세요.

그리고 그 기운이 더 많이 빠져나가도록 하세요. 그리고 조금 더, 좀 더, 좀 더.

이제 어떻게 느껴지는지 확인해보세요. 그 수축의 느낌을 확인하세요. 느낌이 훨씬 더 나아졌죠? 어쩌면 그 수축의 느낌이 모두 사라졌을 수도 있고, 어쩌면 여전히 더 남아 있을 수도 있습니다.

이제 다시 한 번, 자기 사랑과 자기 인정에 대해 생각하세요. 위장과 가슴 쪽에서 수축이 느껴지는지 살펴보세요. 문을 열고 그저 기운이 통과해 지나가는 걸 허용하세요. 그것은 떠나기를 원하니 그저 놓아주세요. 그리고 더 떠날 수 있게, 더 떠날 수 있게, 그리고 더, 좀 더, 좀 더, 아주 조금만 더 떠나도록 해보세요.

저항감은 당신이 느끼고 싶지 않은 감정입니다.

당신이 자신을 인정할 때, 저항하는 마음이 드는지 살펴보세요. 저항감은 그저 감정일 뿐입니다. 그것은 당신의 위장이나 가슴안에 있는 '그것'입니다. 거기서 느껴지나요? 그것이 무엇인지 알지 못한 채 그저 그것을 흘려보낼 수 있나요? 조금 더 '그것'을 흘려보낼 수 있나요? '그것'을 조금 더 흘려보낼 수 있나요? 그리고 조금 더 '그것'을 흘려보낼 수 있나요? 그리고 '그것'을 조금 더 흘려보낼 수 있나요? 그리고 조금 더?

이제 그것이 어떻게 느껴지는지 살펴보세요. 여전히 위장이나 가슴에서 수축(불편한 느낌)이 남아 있는지 보세요. 만약 그렇다면, 문을 통해서 그 기운이 계속 흘러나가도록 두세요. 그 문을 계속 열어두고 기운이 계속 나가도록 두세요.

이제, 당신이 다른 저항감을 갖고 있는지 살펴봅니다. 다른 누군가로부터 인정과 사랑을 구하고 있나요? 그것은 아무 곳으로나 빨리 가는 표입니다.

그 사람한테 인정받았으면 좋겠거나, 그 사람이 당신을

좋아해주었으면 하는 경우를 떠올려보세요. 그들을 한번 살펴보세요. 그들은 인정을 해주는 사람들인가요? 자신을 사랑하는 사람들인가요? 그들은 행복한가요? 그들이 행복하지 않고 자신을 인정하지 않는다는 건 기회가 됩니다. 그런데 당신은 그들이 당신을 행복하게 해주거나 인정해주기를 기대하고 있습니다. 그들이 자신도 인정하지 못하고 있는데 말입니다. 이것은 마치 부도난 은행에 가서 돈을 구하는 것과 같습니다. 은행장은 말합니다. "저도 돈을 빌려드리고 싶습니다만 제겐 한 푼도 없습니다. 저는 파산했거든요."

대부분의 사람들에게는 인정하는 마음이 없으며, 그들은 자신을 인정하지 않고, 자신을 좋아하지도 않습니다. 우리는 자신을 인정하는 마음조차 갖지 못한 사람들에게 가서 그들로부터 인정받으려고 애씁니다. 그리고 그들은 우리가 자신을 인정하는 마음도 갖고 있지 못할 때 우리에게 와서 그들을 인정해달라고 합니다. 말도 안 되는 상황이 보이나요? 그렇다면 해답이 무엇이겠습니까?

해답은 자신을 사랑하는 것입니다.
그것은 바로 당신 안에 있습니다.

궁극적으로 사랑이 나오는 곳은 바로 당신의 내면입니다. 당신 안에는 그렇게도 많은 사랑이 있는데, 당신은 그것을 모든 부정성들로 가리고 있습니다. 말 그대로 사랑이 덮여 있습니다. 당신은 자신의 외부에서 사랑을 구하고 있습니다. 사랑이 언제나 있었던 곳은 당신 내면입니다. 당신은 무언가를 싫어하고, 누군가를 싫어하고, 자신과 타인을 인정하지 않는 것과 같은 부정적인 기운으로 사랑을 덮어서 보지 못했습니다. 이것이 바로 당신의 내면에 있는 모든 사랑을 보지 못한 이유입니다.

대부분의 사람들은 자책하는 습관에 빠져 있습니다. 오랫동안 그렇게 해왔습니다. 그래서 그것을 멈추는 것이 매우 어려워 보입니다. 그러나 이제 당신은 아주 귀중한 정보를 얻었습니다. 자신을 자학하고 자신을 인정하지 않는 것이 아무런 도움이 되지 않는다는 걸 알게 되었습니다. 자신을 자학하라고 말하는 것은 바로 당신의 에고입니다. 당신의 에고가 자신에게 온갖 부정적이고, 반감에 휩싸인 기운을 불어넣으라고 말하고 있습니다. 그러나, 당신은 자신의 에고보다 훨씬 큰 존재입니다.

지금 당장 당신의 에고에게 말하세요. "나는 너보다 커, 나는 너보다 더 크다고. 난 너보다 훨씬 크단 말야. 이제 꺼져버려. 난 더 이상 네가 필요 없어."

이제 기분이 어떤가요? 당신에게 가능성이 있습니다. 훨씬 더 강해진 느낌일 겁니다. 조금 더 가벼워진 느낌일 겁니다. 더 긍정적이 된 느낌일 겁니다.

저는 항상 반복해서 말합니다. "제가 하는 말을 믿지 마세요. 그것을 스스로 확인하세요." 제가 말하는 것을 당신 스스로 확인하세요.

자신을 인정하지 않는 마음을 흘려보낼 때마다, 당신은 더욱 자신을 인정한다는 걸 느끼게 됩니다. 즉시 증명할 수 있지만, 당신의 마음은 좋은 것을 바라보지 않습니다. 마음은 항상 무엇이 문제인지를 바라봅니다.

다시 자기 사랑에 대해 어떻게 느끼는지 살펴보세요. 당신이 어떤 저항감을 갖고 있지는 않은지 보세요. 자신에게 저항하거나 무언가에 대해 스스로를 자책하고 있는지 살펴보세요. 자신을 인정하지 않는 마음을 흘려보낼 수 있나요? 그리고 자신을 인정하지 않는 마음을 조금 더 흘려보낼 수 있나요?

그리고 자신을 인정하지 않는 마음을 더 많이 흘려보낼 수 있나요? 그리고 자신에 대한 반감을 더 많이 흘려보낼 수 있나요? 그리고 조금만 더 할 수 있을까요? 자신을 인정하지 않는 마음을 더 많이 흘려보낼 수 있나요? 그리고 더 많이 할 수 있나요?

이제 자신을 약간이라도 인정할 수 있나요? 아주 현명한 결정이 될 겁니다. 당신에게 달려 있습니다. 당신의 에고에 달려 있는 것이 아닙니다. 에고는 당신의 친구가 아닙니다. 자, 자신을 조금이라도 인정할 수 있나요? 조금 더 인정할 수 있나요? 아주 조금 더 가능할까요? 그리고 자신을 더 많이 인정할 수 있나요? 그리고 조금 더? 그리고 아주 조금 더 할 수 있나요?

이제, 어떤 저항하는 마음이 올라오는지 한번 살펴보세요.

자신을 조정하려는 것은 당신의 에고입니다.

좋습니다. 누구의 책임인가요? 당신인가요, 아니면 당신의 에고인가요? 자신을 조금 더 인정할 수 있나요? 그리고 저항하는 마음을 흘려보낼 수 있나요?

그리고 당신이 느끼는 방식이 좋다면, 그 느낌을 확장시킬 수 있나요? 그리고 그 좋은 느낌을 조금 더 확장할 수 있나요? 지금의 느낌을 더 좋아할 수 있을까요? 그것을 흘려보내고 느낄 수 있나요? 그것이 조금 더 좋아질 수 있나요? 그것을 흘려보내고 느낄 수 있나요?

그리고, 그것이 더 좋아질까요? 그것을 흘려보내고 느낄 수 있을까요? 그리고 그것은 더 좋아질 수 있나요? 그것을 흘려보내고 느낄 수 있나요?

그리고, 그 느낌이 확장하도록 두세요. 자존감으로 샤워를 하세요. 당신의 온몸이 채워지도록 두세요. 그리고, 조금 더, 그리고 조금 더 해보세요.

이제 기분이 어떤가요?

여기 뉴욕의 신시아 페인이 사랑에 대해 말한 것이 있습니다.

"저는 사람들을 사랑하는 걸 단지 말로만 해왔다는 것을 깨달았습니다.

그 일은 갑자기 일어났습니다. 래리(저자)가 "우리는 우리가 원하는 대로 행동하면 '사랑'한다고 말하지만 우리가 원하는 대로 행동하지 않으면 그들을 죽이고 싶어 합니다"라고 말했을 때 그것은 진심으로 한 말이었습니다. 이 말은 제게 정말 충격이었습니다. 저는 어떤 상황에서도 사람들을 사랑하고 그들을 인정하는 제 능력에 대해 자부심이 있었기 때문입니다. 저는 그동안 사람들을 사랑하고 인정한다고 말했지만, 사실은 그저 말뿐이었다는 걸 깨달았습니다. 왜냐하면 그 순간 저는 그 주에 저와의 약속을 어긴 사람들에 대해 최악의 생각들을 하고 있었기 때문입니다.

이제 저는 사람들을 사랑하고, 그리고 또한 자신을 사랑하는 것에 대해 솔직하게 마주하고 있습니다. 저는 하루에도 수백 번씩 마음속으로 난폭한 운전자에게 저주를 퍼붓고, 누군가의 머리 모양이 우습다고 비웃고, 누군가의 무언가를 비난하고 있습니다. 이런 식으로 평생을 살아왔으며, 그것은 계속 작동되는 일종의 프로그램이었는데, 심지어 제가 자신을 사랑하고 인정하고, 사람들을 인정하고 사랑한다고 자신에게 말하고 있을 때에도 그 프로그램은 돌아가고 있었습니다.

하지만 저는 진실로 사람들을 (그리고 저 자신을) 무슨 일이 있든 상관하지 않고 사랑하고 인정해야겠다고 결심함으로써 이 상황을 바꿀 수 있다는 걸 깨달았습니다. 이것을 발견해내어서 매우 운이 좋았다고 생각합니다. 그러나, 이 것을 깨닫고 새로운 의식을 가졌다고 해서, 사람들이 저절 로 내가 원하는 대로 행동하기 시작할 것이라는 의미는 아 니라는 걸 기억해야 합니다. 여전히 약속을 깨는 사람들은 많을 것이고, 저에게 반대하는 일들을 할 것입니다. 사람들 은 그저 사람들일 뿐입니다. 하지만 저는 그들에 대한 반감 을 흘려보내고 무슨 일이 있어도 진실로 그들을 사랑하겠 다고 결심합니다. 저는 앞으로도 일상의 목적에 이것을 포 함시키고 사랑 속에 머물 것입니다."

이제 여러분은 자기 사랑을 위한 좋은 출발점에 있습니 다. 다음 장에서 계속해서 자기 사랑에 대해 알아보겠습니 다. 그러나 이번 장을 반복해서 여러 번 읽어보길 바랍니다. 자신을 사랑하는 법을 배우는 데 좋은 연습이 될 겁니다.

"자신을 사랑한다는 건, 자신을 인정한다는 걸 의미합니다."

9

반응한다는 건
비방하는 것입니다

당신은 세 가지 방식으로 세상에 반응하는데, 저는 이것을
마음의 세 가지 측면이라고 부릅니다.

마음의 첫 번째 측면은 감각적 측면입니다.

예를 들면, 무언가가 뜨겁거나 차갑다는 것을 인지할 수
있습니다. 동물들도 갖고 있는 감각하는 부분입니다.

마음의 두 번째 측면은 자동적으로 기록하고, 그것을 재
생하는 것입니다.

당신의 마음은 이것을 하고 있습니다. 마음은 모든 것을 자동적으로 녹음하고 재생합니다. 이렇게 녹음하고 재생하는 과정은 마음에서 가장 위험한 부분입니다. 왜냐하면 자동적으로 그렇게 되기 때문입니다. 그것은 분별력이 없습니다. 당신은 자신이 무엇을 하는지 모르면서 자동적으로 반응합니다.

인류는 기록하고 재생하는 능력을 지녔습니다. 동물도 마찬가지입니다. 예를 들면, 어린 코끼리를 키우려고 다리를 말뚝에 묶어두면, 코끼리는 자신이 움직이지 못한다는 것을 마음속에 기록해둡니다. 3년이 지나 코끼리는 몇 백 킬로그램이나 되었습니다. 코끼리를 계속 말뚝에 묶어놓으면 움직일 수 없다고 머릿속에 각인을 합니다. 말뚝에 묶여 있으면 움직이지 못한다고 여전히 생각하고 있습니다. 말뚝을 제거하려면 다리만 움직이면 되는데 말입니다. 코끼리는 분별력이 없습니다.

분별력이란 당신이 스스로에게
무엇을 하는지 아는 것을 의미합니다.

분별력은 마음의 세 번째 측면입니다. 분별력은 마음에서 가장, 가장 중요한 부분입니다. 당신은 분별하는 능력을 지니고 있습니다. 사물을 명확하게 볼 수 있습니다. 당신은 무슨 일이 일어나고 있는지를 알 수 있는 능력과 자신에게 무엇을 하고 있는지를 보는 능력이 있습니다.

당신은 자신을 책망하는 행위들이 자신에게 조금도 도움이 되지 않는다는 것, 이 지구상의 어느 누구에게도 도움이 되지 않는다는 것, 그것이 당신에게 상처를 준다는 것을 파악하는 능력을 갖고 있습니다. 이것이 바로 분별하는 능력입니다. 만약 스스로를 탐탁지 않게 여기는 마음이 올라오면 – 그리고 당신의 마음이 "네가 원하는 걸 얻지 못하면, 네 자신을 원망해." 이렇게 말하면, 그것을 재빠르게 낚아채세요. 자, 여기 방법이 있습니다. 그걸 알게 되면 "나 자신에 대한 불신(자책, 못마땅함, 불인정)을 흘려보낼 수 있을까?"라고 물어보세요. 그리고 조금 더 흘려보내세요. 그리고 조금 더 흘려보내세요. 그리고 조금 더 흘려보내세요.

이 간단한 연습이 자신을 사랑하도록 도와줄 것입니다.

이제 종이 몇 장을 꺼내보세요. 종이 맨 위에 행복이란 단어를 적으세요. 행복이란 단어 옆에 '긍정적인, 사랑하는, 성공적인, 풍요로운'이라고 적으세요. 당신이 행복하면, 당신은 긍정적입니다. 당신이 긍정적이면, 당신은 사랑하게 됩니다. 당신이 사랑할 때, 당신은 성공한 것이고, 성공하면 풍요를 얻게 됩니다. 이것들은 모두 같은 기운입니다, 다만 다른 단어를 끼워 넣지 않는다면 말입니다.

종이 위에, 당신이 행복을 느끼는 데 필요하다고 생각되는 몇 가지를 적어보세요.

여기 고대 그리스 신화가 있는데, 뱃사람들을 암초로 유인하는 인어들에 대한 이야기입니다. 뱃사람들은 배를 열심히 저어 결국 암초에 부딪힙니다. 이것이 바로 당신의 마음이 하는 일입니다. 마음은 당신에게 약속합니다. 이 말이 무슨 뜻인지 당신은 알 겁니다. "건강을 되찾으면 행복할 거야, 인간관계가 좋아지면 행복할 거야, 돈이 많으면 행복해질 거야." 기타 등등. 당신이 부정적으로 생각하는 한 그런 일들은 절대 일어나지 않습니다. 당신이 부정적이면, 아무 일도 일어나지 않고, 오직 부정성만이 더 많아집니다.

당신의 마음은 당신을 비난할 준비가 되어 있습니다.

당신의 마음은 즉시 당신에게 덤벼들 준비가 되어 있습니다. 그것은 항상 자신을 못 살게 굴라고 말합니다. 여기 몇 가지 사례가 있습니다. 집에서 키우던 개가 죽었습니다. 마음이 네 탓이라고 말합니다. 삼촌이 돌아가셨습니다. 마음은 자학하라고 말합니다. 주식으로 돈을 잃었습니다. 마음은 너를 자책하라고 말합니다. 차가 고장 났습니다. 자책하라고 합니다. 시계를 잃어버렸습니다. 자학하라고 합니다.

무슨 일이 일어나는지 보이나요? 자신을 자책해서 이 세상에서 무엇이라도 바꿀 수 있나요? 반려견이 살아나고, 삼촌이 살아나고, 시계를 찾고, 돈을 되찾을 수 있나요? 아닙니다. 자책하는 것이 당신 자신을 더 깊은 구덩이 속으로 빠지게 할 뿐입니다.

여기 훨씬 더 나은 방법이 있습니다. 삼촌이 돌아가셨습니다. 무슨 일이 일어나건 긍정적이 되자고 자신을 설득할 수 있나요? 무감각해지는 것이 아닙니다. 삼촌의 죽음에 대해 당신이 할 수 있는 것은 없습니다. 왜 그렇게 상심해야 하나요? 그렇게 하면 좋은 점이 생기나요? 삼촌은 당신이 상심하길 바라나요? 당신은 자신이 상심하길 원하나요? 세상의 어떤 누군가가 그걸 원하고 있나요? 마치 코끼리처럼, 우리는 이런 프로그램들을 기록했고, 그것들이 자동적으로 재생되고 있습니다.

여기 더 나은 방법이 있습니다. 개가 죽었습니다. 그렇지만 긍정적일 수 있도록 자신을 설득할 수 있나요? 차가 고장 났습니다. 그럼에도 불구하고 긍정적일 수 있도록 자신을 설득할 수 있나요? 돈을 좀 잃었습니다. 그럼에도 불구하고 긍정적일 수 있도록 자신을 설득할 수 있나요? 이것이 당신에게 필요한 것들입니다.

당신 마음은 절대 만족하지 않습니다.
마음이 속삭이는 말에도 불구하고
긍정적일 수 있나요?

이것을 연습하세요. 간단한 연습입니다. 마음은 항상 약속합니다. 그것은 당신이 행복하려면 무언가 필요하다고 말합니다. 그것은 거짓입니다. 완전히 헛소리인데, 마음은 결코 만족을 모르기 때문입니다. 마음은 이것 혹은 저것을 가지면 행복할 거라고 말합니다. 그러나 당신이 그것을 가지면 마음은 더 많이 혹은 더 나은 것, 혹은 다른 것이 필요하다고 말할 것입니다.

무엇을 소유해도, 무슨 일이 일어나도 긍정적이어야 하는 것이 해답입니다. 그것이 행복해지는 방법입니다.

당신을 행복하게 해줄 사항들을 적은 목록에서 첫 번째 것을 한 번 보세요. 아주 간단한 연습입니다.

무슨 일이 일어나도 당신이 행복하도록 자신을 설득할 수 있나요? 조금 더, 조금 더, 조금만 더 긍정적이 될 것을 자신에게 허락할 수 있나요? 이제, 무엇이 느껴지는지 보세요. 분명히 긍정적으로 느낄 겁니다. 간단합니다. 목록에 있는 각 항목을 한 가지씩 꺼내며 말합니다. "무슨 일이 있어도 자신이 긍정적이도록 할 수 있나요?" 당신은 무슨 일이 있어도 긍정적이어야 합니다. 우주의 법칙은 긍정은 긍정을 끌어당기고, 부정은 부정을 끌어당기기 때문입니다. 무슨 일이 있어도 긍정적이어야 합니다. 그렇게 할 때, 삶의 모든 것들이 긍정적인 방향으로 향합니다.

이제 저는 해로운, 부정적인 감정과 느낌들을 쉽게 떨쳐버릴 수 있고 항상 자신과 타인을 위해 무조건적인 사랑을 가질 수 있게 되었습니다. 그뿐 아니라, 제 주위의 것들이 변했고, 제가 원했던 가격에 손쉽게 집을 팔 수 있었습니다.

—TL, 플로리다

자기 사랑으로 돌아옵시다. 당신 자신을 인정하기 위해서입니다. 이 모든 것에도 불구하고, 결국 당신이 당신의 마음을 인정하지 않는지 살펴보세요. 마음이 부정적인 것을 말해서 당신의 마음에 반감을 갖게 되는지 살펴보세요. 마음은 부정성을 먹고 삽니다. 당신에게 덤벼들 준비가 되어 있습니다. 만약 자신의 마음을 못마땅하게 여긴다면, 부정적인 기운을 쌓고 있는 것입니다. 자신을 못마땅해 할 때, 부정성에게 먹이를 주어 더 큰 부정성을 키우게 됩니다.

그러니 자신의 마음에 대한 반감을 흘려보낼 수 있나요? 당신의 마음에 대한 반감을 조금 더 흘려보낼 수 있나요? 그리고 조금만 더 흘려보낼 수 있나요? 그리고 조금만 더. 그리고 마음을 조금 인정할 수 있나요? 긍정성은 그 어떤 것에도 상처를 주지 않습니다. 마음을 조금 인정해줄 수 있나요? 마음을 조금 더 인정할 수 있나요? 그리고 조금만 더. 그리고 조금만 더. 그리고 조금 더. 그리고 당신은 마음을 아주 조금 더 인정할 수 있나요? 이제 당신의 기분이 어떤지 살펴보세요. 당신의 마음이 고요해졌는지 살펴보세요. 당신이 자책할 때 마음은 시끄러워집니다.

저는 제 에고에게 '나는 너를 사랑해'라고 말하는 것이 아주 큰 효과가 있다는 것을 알게 되었습니다. 저의 마음에게 '나는 너를 사랑해'라고 말하면, 효과적이라는 것도 알게 되었습니다. 좋아하지 않는 생각과 감정과 싸우는 것보다 훨씬 낫습니다. 이것이 기분 좋아지는 방법입니다.

— KB, 캘리포니아

이제 우리는 이 모든 것들을 살펴보았는데, 자신에 대해 어떻게 느끼나요? 여전히 어떤 이유에서건 자신을 못마땅하게 여기는지 살펴보세요. 그것이 도움이 되나요? 그렇지 않습니다. 누가 그것을 하고 있나요? 당신입니다. 만약 당신이 그렇게 하는데 문제 해결에 도움이 되지 않는다면, 이제 결정을 내려야합니다. '나는 긍정적이 되고 나 자신을 사랑할 거야.' 혹은 '나는 부정적으로 자신을 괴롭힐 거야.' 어떤 것이건 결정을 내려야 합니다.

삶은 바로 결정입니다. 자신을 사랑하겠다는 결정입니다. 자신을 괴롭히겠다는 결정입니다. 부자가 되기로 결정하는 것입니다. 가난해지기로 결정하는 것입니다. 그것은 건강하거나 아프겠다고 결정하는 것입니다. 모든 것이 전부 결정입니다. 도대체 누가 이런 결정을 내리는 것일까요? 당신입니다. 당신이 그런 겁니다. 만약 당신이 당신의 에고가 결정을 내리도록 한다면, 그것은 당신을 끌어내릴 겁니다. 제가 말씀드린 것처럼, 확인하세요. 에고가 이제껏 당신을 위해 무엇을 했을까요? 에고가 한 것은, 언제나 자신을 못마땅하게 생각하라고 속삭이며 당신을 부정성에 묶어둔 것입니다.

자신을 인정하기 위해 잠시 동안 다음의 연습을 해보기 바랍니다.

자신을 못마땅하게 여기고 있는지 확인하세요. 자신에 대한 못마땅함, 반감을 흘려보낼 수 있나요? 그리고 조금 더, 그리고 조금 더 자신에 대한 반감을 흘려보낼 수 있나요? 자신을 조금이라도 인정할 수 있나요? 자신을 조금이라도 더 인정할 수 있나요? 자신을 조금 더 인정할 수 있나요? 그리고 조금만 더. 그리고 조금만 더. 그리고 여러분 자신을 조금만 더 인정할 수 있나요? 그리고 조금이라도 더. 그리고 조금만 더. 그리고 정말로 조금 더 자신을 인정할 수 있나요? 자, 이제 기분이 어떤가요?

이제, 인정하는 느낌이 확산되는 걸 자신에게 허용하세요. 그 사랑하는 느낌, 기분 좋고, 가벼운 느낌이 퍼져나가도록 할 수 있나요? 조금만 더 그 느낌이 퍼져나갈 수 있게 할 수 있나요? 조금만 더 퍼지도록 할 수 있나요? 아주 조금만 더. 당신이 지금 느끼는 감정이 더 나아졌나요?

그것을 흘려버리고 발견할 수 있나요? 그리고 더 낫게 느껴지나요? 그것을 흘려버리고 발견할 수 있나요? 그리고 더 해보세요. 그리고 조금 더.

이제, 느낌이 어떤가요?

자신에 대한 반감을 흘려보내고 자신을 인정하는 간단한 방법을 이용하면서 엄청난 혜택을 경험했습니다. 제 안에 있는 젊은 정신을 불러일으켰고 그것은 저를 변화시켰습니다. 그리고 그 덕분에 제 외모도 훨씬 더 젊어지게 되었습니다. 최근 친척들 모임에서, 한 사람이 저에게 날이 갈수록 젊어진다고 말했습니다. 그는 '자넨 정말 나이를 먹지 않는 것 같아'라고 말했습니다. 저는 자신을 사랑하면 몸, 마음과 영혼의 완벽한 조화 속에서 존재할 수 있다는 사실을 배웠습니다.

– F.H. 일리노이

이제 타인을 인정하는 연습을 해봅시다.

당신이 못마땅하게 생각하는 사람을 떠올리세요. 당신이 타인을 못마땅해 할 때, 당신은 스스로에게 수많은 부정성을 야기하게 됩니다. 당신이 좋아하지 않는 누군가와 어떻게 관계를 맺고 있는지 살펴보세요. 당신의 친구인 마음은 방법을 알고 있는지 물어보세요. 알지 못합니다. 만약 알고 있었다면, 당신은 이미 그 사람과 잘 지내고 있었을 것입니다. 그러니, 당신 마음은 알지 못하는 겁니다. 마음은 사람들이 내가 원하는 대로 하지 않을 때, 그들을 속으로 비난하고 못마땅하게 여기고, 그들의 길에 부정적인 기운을 투사하고, 그들을 조소할 줄 알 뿐입니다. 이것이 사랑에 대해 우리가 생각하고 있는 것입니다. '내가 원하는 대로 하세요. 그러면 당신을 사랑하겠어요.' '내가 원하는 대로 하지 않으면, 나는 당신과 아무런 상관도 없는 사람이 됩니다.' 당신에게도 해당되는 경우인가요?

당신이 불편해하는 누군가를 인정하지 않았던 건 아닌지 살펴보세요. 그들을 못마땅하게 생각하는 것이 인간관계에 어떤 도움이 되나요? 그들과 잘 지낼 수 있게 도와주나요? 그것이 당신의 불편한 마음을 조금이라도 줄여주나요? 당연히 그 어떤 것에도 도움이 되지 않습니다. 누가 그렇게 못마땅하게 생각하고 있나요? 예, 그렇습니다. 당신입니다. 자, 이제 결단을 내려야 할 때입니다. '나는 긍정적으로 생각해서 이 사람을 인정할 것이다.' 혹은 '나는 그들을 인정하지 않고 아무 곳으로나 빨리 가버릴 것이다.'

저는 당신이 그들에 대한 반감을 흘려보내고 그들을 인정하기로 결정할 것이라 확신합니다. 그것이 지혜로운 행동입니다.

자, 이제 당신은 그들에 대한 반감을 흘려보낼 수 있나요? 그들을 위한 것이 아닙니다. 당신 자신을 위한 것입니다. 당신이 모든 부정적인 기운을 이리저리 끌고 다니고 있습니다. 그것이 당신에게 도움이 되지 않는다는 걸 알고 있습니다. 그러므로 당신은 이제 그들에 대한 반감을 조금 더 흘려보낼 수 있나요?

그들에 대한 반감을 조금 더 흘려보낼 수 있나요? 조금 더 흘려보낼 수 있나요? 조금 더. 그리고 조금 더. 당신은 그들에 대한 반감을 조금만 더 흘려보낼 수 있나요? 그리고 조금만 더. 그리고 조금만 더. 그리고 그들을 조금 인정할 수 있나요? 반복하지만 그들을 위해서 하지 마세요. 당신을 위해서 하세요.

당신은 그들을 인정할 수 있나요? 그들을 조금 더 인정할 수 있나요?

당신은 그들을 조금 더 인정할 수 있나요? 아주 조금 더 인정할 수 있나요?

그리고 아주 조금 더 인정할 수 있나요? 그리고 조금만 더? 이제 눈을 감고 그들이 당신을 향해 웃지 않는지 보세요. 당연히 그들은 웃고 있을 것입니다.

저는 아버지와 유쾌하지 못한 과거를 갖고 있습니다. 솔직히 그가 싫었습니다. 아버지와 절대 대화도 나누지 않았습니다. 제가 아버지 생각을 할 때, 그것은 증오 그 자체였습니다. 저는 이것을 진지하게 생각했는데 이 모든 생각들이 저 자신에게 상처를 입히고 있다는 걸 알아채기 시작했기 때문입니다. 5개월 동안, 아버지에 대한 모든 증오심을 흘려보내고 아버지께 사랑을 보냈습니다. 처음에는 쉽지 않았습니다. 저는 열심히 했고 이제 아주 자연스럽게 되었습니다. 제 동생이 두 개의 동영상을 유튜브에 올리기 전까지 자신의 변화에 대해 깨닫지도 못했습니다. 그 동영상에서 아버지는 제게 다정함을 표현했습니다. 그리고 어느 날, 난데없이 아버지가 제게 전화를 해서 제 어린 시절에 대해 사과를 하시고 제가 얼마나 괜찮은 아들인지, 얼마나 저를 존중하는지 말씀하셨습니다. 이 모든 것이 제가 아버지에게 증오심 대신 사랑을 보냈기 때문에 일어난 일들이었습니다. 이것이 훨씬 나은 삶의 방식입니다.

－ CJ. 미주리

사람들은 타인들에 대한 부정적인 생각과 감정을 유지하는 것이 괜찮다고 생각합니다. 사람들은 그들이 그것을 모를 거라 생각합니다. 여기 당신을 위한 소식이 있습니다. 우리는 인식하지 못한 채 신호를 주고받습니다. 만약 당신이 누군가에 대해 부정적인 생각과 감정을 가지고 있다면 그들은 그것을 압니다. 당신 자신을 속이지 마세요. 그들은 알고 있습니다. 그들에게 곧장 가서 그들에게 말하는 편이 나을 겁니다. 그들이 알고 있기 때문입니다.

만약 당신이 누군가를 싫어하면, 당신은 나쁜 카르마

Karma를 짓고 있는 것입니다. 카르마는 행위가 아닙니다. 그것은 생각입니다. 누군가에 대해 부정적인 생각을 하면, 그들에게 카르마를 짓는 것이고, 그것은 당신에게 돌아올 것입니다. 그들에 대한 반감을 흘려보내고 그들을 인정하세요. 당신 주위의 모든 사람들을 사랑하세요. 당신이 아는 모든 사람들을 사랑하세요. 자신의 삶이 어떻게 변하는지 보게 될 것입니다.

우리는 타인에 대해 너무 많은 판단을 내립니다. 그것이 얼마나 나쁜지, 당신이 타인들에 대해 얼마나 많은 판단을 내리는지 알고 싶다면, 주소록을 꺼내세요. 그 주소록에는 아마도 친구들의 이름이 적혀 있을 것입니다. 이제 당신의 마음이 모든 사람들에 대해 판단하는 것을 알아차리게 됩니다. "이 친구는 뚱뚱해, 얘는 키가 커, 이 친구 너무 작아, 이 친구 돈이 많아, 이 친구 돈이 없어, 이 친구 멍청해." 모든 사람들에 대해 당신은 어떤 판단을 내립니다. 목표를 정하세요. "나는 그들 한 사람 한 사람을 사랑할 것을 자신에게 허용하겠습니다." 그들에 대한 반감을 흘려보내고 그들을 인정하세요. 당신을 위해 하세요. 삶이 어떻게 향상되는지 당신은 알게 될 것입니다.

사랑은 모든 것에 대한 해답입니다

레스터 레븐슨은 모든 비-사랑 감정을 없앴습니다. 일부가
아닙니다. 전부 제거했습니다. 그렇게 하자, 그의 몸은 치유
되었고, 재정 상태가 나아졌고, 그의 삶 전체가 치유되었습
니다. 모든 인간관계가 회복되었습니다. 그러니, 사랑이 답
입니다. 모든 것에 대한 해답입니다. 사랑이 모든 것에 대
한 답입니다. 저는 당신이 이 글을 여러 번 반복해서 읽어
보기를 바랍니다. 자신에 대한 못마땅함, 반감을 흘려보내
는 연습하세요. 자신을 인정하는 연습을 하세요. 이것을 계
속 읽고 또 읽으세요.

타인에 대한 반감을 흘려보내는 연습을 하고 그들을 인
정하세요. 당신이 자신을 더 사랑할수록, 타인을 더 사랑할
수록, 더 많은 풍요로움을 자신에게로 끌어당기게 됩니다.
자신과 타인을 더 못마땅하게 여길수록, 스스로를 향해 더
많은 부정성을 끌어당기게 됩니다.

만약 당신이 자신을 사랑하는 것에, 건강해지는 것에, 당신이 원하는 인간관계를 갖는 것에 관심이 있다면, 어디에서 인정하는 마음이 오는지 깨달을 필요가 있습니다. 그것은 당신 자신에게서 옵니다. 그것은 당신 외부 어딘가에서 오지 않습니다. 당신에게서 옵니다. 다른 누군가로부터 오는 것이 아닙니다.

누군가에게 사랑을 구하는 건
엄청난 시간 낭비입니다.

　　누군가에게서 사랑을 구하는 것은 엄청난 시간 낭비입니다. 사랑이란 항상 당신 안에 있기 때문입니다. 당신이 해야 할 일은 정신의 바이러스, 반감 혹은 불인정이라 불리는 바이러스를 제거하는 것이고, 당신은 항상 사랑 속에 있게 될 것입니다. 다른 누군가에게서 사랑을 구하는 것은 문제를 일으킬 뿐입니다. 바로 당신 눈앞에서 쾅, 하고 폭발할 것입니다. 만약 당신이 행복을 다른 누군가에 의지하고 있다면, 그들이 그저 당신에 대한 지지와 지원을 끊기만 하면 당신은 비참해질 것입니다.

만약 당신의 행복이 자신에게 비롯되었다면, 그것은 견고합니다. 당신은 어디에 행복이 있는지 알고 있습니다. 당신을 행복하게 하는 유일한 사람은 당신 자신입니다. 또한 자신을 불행하게 만들 수 있는 유일한 사람 역시 당신 자신입니다. 이것을 알게 되면, 인간관계의 문제는 끝난 것이나 마찬가지입니다. 당신은 결코 반복해서 끔찍한 관계를 갖게 되지 않을 것입니다. 왜냐하면 사랑은 당신 안에 있기 때문입니다. 당신이 사랑하면, 모든 문제는 사라집니다. 그리고 문제들에 대해 무관심하면, 저절로 사라진다는 것을 알게 될 것입니다. 모든 것은 그 자체로 완벽합니다. 사랑하세요. 사랑하세요. 사랑하세요. 그러면 놓치지 않을 것입니다.

명심하세요. 당신이 곧 사랑입니다. 그것이 전부입니다.

첨언 14장에 당신이 살면서 겪게 되는 것을 위해 추가적으로 연습을 실었습니다. 자신에게 더 적절한 연습을 찾아서 실천하세요.

제가 이것을 연습하기 시작할 때 저는 그저 기분이 좀 더 나아졌으면 했는데, 항상 불행하다는 생각을 멈추고만 싶었어요. 자신을 사랑하게 되자, 삶의 다른 부분들도 점점 나아지는 것을 알게 되었습니다. 운동도 하지 않았는데 35파운드(약 15.8킬로그램) 정도 체중이 줄었습니다. 제 아내의 몸무게는 40파운드(약 18킬로그램)나 줄었습니다. 그리고 이제 저는 1만 2,000달러의 잔고를 갖고 있고, 빚도 없습니다. 제 삶 전체가 자기 사랑이라는 간단한 방법으로 바뀌어버렸습니다.

― DW, 메릴랜드

10

세 가 지

강 력 한

행 동 지 침

제가 당신에게 얘기하려는 것은 비밀이 아닙니다.

비밀은 아니지만 지구상 70억 명의 인구 중 이것에 대해 아는 사람은 거의 없습니다.

저는 당신이 마음만 먹는다면 돌파구를 찾을 기회가 있다는 것을 말하려 합니다.

제가 이야기하려는 것을, 당신이 실천만 하면, 당신 삶의 모든 것들이 변할 것입니다.

당신이 간절히 원하는 것이라면 모두 가져야 합니다. 모든 것을 가지지 않고 그 일부나 더 적은 것을 가져선 안 됩니다. 당신은 무엇을 갖고 싶은가요? 그것은 돈인가요? 건강을 갖고 싶은가요? 행복한 인간관계일까요? 집, 자동차, 보트인가요? 그것이 무엇이건, 당신은 그것을 가져야 합니다. 그럴 수 있습니다.

지금 이 순간 당신 인생이 어떻게 펼쳐지건, 전혀 문제 될 건 없습니다. 그동안 상황이 나쁘기만 했다고 생각하나요? 상황은 좋았지만 운이 나빴나요? 일이 잘 풀리지 않았나요? 아니면 풀리긴 했는데 원하는 정도는 아니었나요? 잃어버린 퍼즐 한 조각을 찾고 있나요? 당신이 바라는 모든 것을 갖는 건 어떠세요? 당신의 꿈이 실현된다면 어떨까요?

자신을 행복하게 해줄 것이라 생각했던 모든 '것'을 가지고 있건 그렇지 못하건, 심적 상태가 최악이건 그렇지 않건, 당신이 삶에서 잃어버린 것들에 대한 해답은 지금 바로 여기 당신 손 안에 있습니다.

당신은 적절한 시간과 적절한 장소에 있습니다. 그동안 이런 얘기를 얼마나 많이 들었나요? 수많은 사람들이 우리가 적절한 때와 장소에 있다고 말했습니다. 당신은 지금 알맞은 시간에 알맞은 장소에 있는 것입니다.

이렇게 적절한 시간과 장소에 있었는데 당신이 그 이점을 살리지 못했기 때문에, 자신을 자책했을 수도 있습니다. 어쩌면 해야만 했던 행동을 하지 못했을 수도 있습니다.

당신은 후회 놀이를 하고 있나요?

만약 그렇다면, 당장 멈추세요. 후회는 그 어떤 이득도 가져다주지 못합니다. 그것은 눈곱만큼도 도움이 되지 않습니다. 그것은 당신을 바닥으로 끌어내릴 것입니다. 당신은 무언가를 해서 혹은 하지 않아서 후회하고 있습니다. 그것이 부정적인 감정이란 사실을 알아차리세요. 어떤 사람들은 전 생애를 과거 속에서, 후회하며 살아갑니다. 이것은 당신을 지속적으로 부정적이게 만드는 부정적인 행동입니다. 당신은 그저 더 많은 부정적인 기운을 쌓을 뿐이며, 자신을 아래로 끌어내릴 뿐입니다.

지금 당신은 정확한 장소와 정확한 시간에 있습니다. 정확한 시간에 정확한 장소에 있다는 건 오직 절반의 요소입니다. 행동을 취하는 것이 나머지 반의 가장 중요한 요소입니다. 행동하고 후회는 과거의 것으로 내버려두세요.

무언가 다른 것을 갖기 위해 무언가 다른 일을 하려 하나요? 많은 사람들은 마음이 그렇게 놔두지 않기 때문에 행동하지 못합니다. 대부분의 사람들은 그들의 마음에 의해 움직입니다. 앞에서 언급한 것처럼, 제가 하는 말을 믿지 마세요. 확인하세요. 스스로 그것을 증명하세요.

자신이 부정적인 마음에 의해 움직이고 있다는 것을 어떻게 알 수 있을까요? 당신은 살아가며 뭔가를 그리워하고 있나요? 그 어떤 것도 그리워해서는 안 됩니다. 당신이 원하는 것이라면 그것이 무엇이건 가져야 합니다. 장난감도 가져야 하고 마음의 평화도 가져야 합니다. 그 모든 것을 가져야 합니다. 당신은 항상 행복해야 합니다. 부정적인 마음은 당신을 행복하지 못하게 하려고 모든 것을 갖지 못하게 하려고 애쓰고 있습니다.

부정적인 마음은 '난 할 수 없어'를 만드는 기계입니다. '난 가질 수 없어'를 만드는 기계입니다. 결핍이 있는 기계입니다. 부정적인 마음은 작정하고 당신을 계속 끌어내리고, 당신이 가져야 할, 당연히 당신 것인 모든 것들로부터 멀어지게 만들고 있습니다. 심지어 당신이 장난감을 가졌어도, 부정적인 마음은 여전히 당신을 괴롭힙니다. 항상 밤낮으로요.

제가 말하는 대로 행동하겠다고 결정하세요.
그렇게 행동한다면 그것은 당신의 인생을 바꿀 겁니다.

마음이 당신을 막아도 행동으로 옮기세요. 당신은 적절한 시간과 적절한 장소에 있습니다.

다음 문장을 천천히 그리고 주의 깊게 읽으세요.

사랑, 성공, 긍정, 건강, 풍요, 돈, 평화 ― 이 모든 것들은 모두 정확히 똑같은 에너지입니다.

당신 마음은 이렇게 말합니다. "그래서 어쩌라고?" 당신 마음이 당신을 막으려 할 것이라고 제가 이미 말했습니다.

"그래서 어쩌라고?"는 이런 말입니다. 만약 제가 하려는 말을 깨닫는다면, 당신은 모든 것을 가질 수 있고, 모든 것을 얻을 수 있습니다.

레스터 레븐슨은 그 길을 우리에게 보여주었습니다. 당신이 비-사랑 감정, 못마땅한 마음, 싫어하는 마음을 ― 이것들은 모두 부정적인 감정들입니다 ― 흘려보내면, 당신은 사랑하는 상태가 됩니다.

당신이 사랑하는 상태가 되면, 당신은 긍정적으로 됩니다. 긍정적이 되면, 성공할 겁니다. 성공하면, 당신은 모든 풍요로움을 소유하게 됩니다. 돈을 갖게 되고, 건강을 갖게 되고, 행복한 인간관계가 당신 것이 됩니다.

당신이 비-사랑 감정을 모두 흘려보내면 사랑하는 상태가 됩니다. 세상의 모든 긍정적인 것들이 당신에게로 흘러들고 당신은 사랑하게 됩니다. 긍정적인 것들이 당신에게 흘러오는데, 모든 긍정적인 것들이 바로 사랑과 똑같은 기운이기 때문입니다.

이해하겠어요? 당신의 마음은 당신이 이런 것을 깨우치길 원하지 않습니다. 당신 마음은 당신이 항상 있었던 자리에 계속 남아 있길 원합니다. 그 자리는 당신이 당연히 누려야 할 끊임없는 기쁨이 없는 자리입니다. 마음에게 저리 가라고 없어지라고 말할 때입니다. 부정적인 마음은 당신에게 더 이상 필요하지 않습니다. 당신의 마음에게 이렇게 말하세요. "저리 비켜, 썩 꺼져. 난 더 이상 네가 필요하지 않아."

당신은 적절한 시간에 적절한 장소에 있습니다. 필요한

것은 오직 행동뿐입니다.

삶을 바꾸는 세 가지 강력한 행동 지침

돌파구가 될 다음의 세 가지 행동들을 당신 삶의 한 부분으로 만들면, 긍정적인 일들이 당신 인생에 아주 빠른 속도로 펼쳐질 것입니다.

이 세 가지 강력한 행동들은 당신 인생을 바꿀 것이며, 당신이 잃어버렸던 것들을 가져다줄 것입니다. 이 세 가지 행동들을 연습하고 무슨 일이 벌어지는지 지켜보세요.

첫 번째 강력한 행동 지침

비-사랑 감정을 모두 흘려버리세요. 자신이 무슨 말을 하고 있는지, 무슨 생각을, 무슨 행동을 하고 있는지 주의를 기울이세요. 항상 지켜보세요. 무슨 일이 벌어지는지 깨어 있으세요. 항상 망을 봐야 합니다. 비-사랑 생각을 알아차리면, 그것을 멈추세요. 비-사랑 행동을 알아차리면, 그것을 멈추세요.

만약 당신이 부정적인 생각, 감정, 말 혹은 행동을 하는 중이라면, 그것을 끝내세요. 멈추어야 합니다.

만약 제가 당신에게 뜨겁게 달궈진 꼬챙이를 건네면, 당신은 순식간에 그것을 떨어뜨릴 겁니다, 그렇죠? 비-사랑 감정, 말, 행동, 이 모든 것들은 전부 달궈진 꼬챙이입니다. 떨어뜨리세요. 비-사랑, 비-호감, 반감, 부정성은 마치 빨갛게 달궈진 벽난로용 꼬챙이가 당신 손에 화상을 입히듯 그렇게 당신 인생을 태워버립니다. 뜨거운 꼬챙이를 떨어뜨리듯 비-사랑 감정을 떨어뜨려버리세요.

여기서 시험해보세요. 부정적인가요? 그렇다면, 그것은 비-사랑이고 당신 삶에 상처 입히게 됩니다. 던져버리세요.

두 번째 강력한 행동 지침

당신이 원하는 것은 마음속에 붙잡으세요. 마음속에 붙잡는 것은 마음속에 계속 간직한다는 의미입니다. 마음속에 붙잡는 것은 생각과 감정이 항상 당신 마음을 차지하고 있다는 뜻입니다.

당신은 마음속에 간직한 것을 얻게 됩니다. 당신의 마음, 생각과 감정을 차지하고 있는 것이 무엇일지라도 당신은 물질계에서 현실화시킬 것입니다. 그것이 끌어당김의 법칙입니다.

긍정적인 것은 긍정적인 것을 끌어당깁니다. 부정적인 것은 부정적인 것을 끌어당깁니다. 사랑은 사랑을 끌어당깁니다. 비-사랑은 더 많은 비-사랑을 끌어당깁니다.

사랑은, 긍정성, 성공, 풍요, 건강, 돈, 평화와 똑같은 에너지입니다.

만약 당신이 마음속으로 '나는 할 수 없어'라는 생각을 붙잡고 있다면, 당신은 할 수 없습니다. 만약 당신이 마음속으로 '나는 그것을 갖고 있지 않아'라고 생각하면, 당신이 옳습니다. 당신에게는 그것이 없으며, 앞으로도 가지지 못할 것입니다. 당신이 마음속으로 잘못된 것을 붙잡고 있는 겁니다. 당신이 원치 않는 것을 마음속에서 붙들고 있습니다.

당신이 해낼 때까지 그런 척 해야 합니다. 당신에게 그것이 없다는 생각을 멈추어야 합니다. 오직 원하는 것만을 마음속에 붙들어야 합니다. 그것을 스스로 증명해보세요. 열심히 노력하세요. 당신이 여기서 무엇을 잃게 될까요? 만약 제가 옳다면, 당신은 모든 것을 얻게 될 겁니다. 만약 제가 틀렸어도, 당신은 잃을 것이 없습니다.

여기 약간의 암시가 있습니다. 만약 이것이 효과가 없다면, 그것은 당신의 마음이 당신에게 그렇게 하지 말라고 얘기했기 때문일 겁니다. 마음이 결정을 내리지 못하도록 당신에게 말하고 있습니다. 마음은 결정을 내리지 못하게 하고, 고집을 피우고 있습니다. 지구상의 다른 모든 사람들처럼 당신은 전 생애 동안 비-사랑 감정을 끌어모았을 것입니다. 이 모든 감정을 제거하는 데에 적지 않은 시간이 걸릴 것처럼 보입니다. 그러나 그것은 가치 있는 일이며, 만약 당신이 이것을 해낸다면, 효과가 클 것입니다. 꾸준하다면 바로 첫 주에 변화가 나타나는 걸 보게 될 것입니다. 당신이 원하는 것을 마음속에 붙잡으세요.

여기 또 다른 암시가 있습니다. 당신이 마음속에 무엇을 붙잡고 있는지 쉽게 알 수 있습니다. 당신이 항상 무엇을 말하는지 잘 살펴보세요. 당신이 항상 어떤 생각들을 하는지 살펴보세요. 그리고 당신의 감정에 주의를 기울이면 마음속에 무엇을 붙잡고 있는지 알 수 있습니다.

이제 명심하세요. 확인하자는 말이 아닙니다. 집과 차, 주변에 매달려 있는 신호에 대해 말하자는 것이 아닙니다. 원하는 것을 마음속에 간직하자는 말입니다. 원하지 않는 생각, 말 혹은 감정을 떨어뜨리면 그렇게 할 수 있습니다.

세 번째 강력한 행동 지침

무슨 일이 있어도 긍정적이고 사랑하는 데 헌신하세요. 결심하세요! "나는 무슨 일이 있어도 긍정적일 것이며, 사랑하겠습니다." 좌우명으로 삼으세요.

무슨 일이 일어나도 긍정적이 되세요. 당신은 2살 아이였을 때 배웠던 감정에 자동적으로 반응하며 살고 있습니다. 당신은 더 이상 2살 아이가 아닌데, 아직도 똑같이 행동하고 있습니다. 자동적으로 반응하는 습관에 종지부를 찍으세요. 단지 결심하면 됩니다.

무언가 부정적인 것처럼 보이는 일이 일어납니다. 당신은 거기에 반응합니다. 당신은 현재의 순간을 떠나가버립니다. 그렇게 한다고 어떤 문제가 해결되나요? 누군가가 불쾌한 시선으로 당신을 바라보았기 때문에, 화가 나고, 히스테리를 부리고, 불쾌해지나요? 부정적인 것, 비-사랑 행동은 더 많은 부정성과 비-사랑을 끌어당기는 것 외에 그 어떤 것도 하지 못합니다. 그 어떤 것도 해결하지 못합니다. 어떤 것도 돕지 못합니다. 당신도 그 점을 깨달았다는 걸 저는 압니다. 당신도 제 말에 공감할 것입니다. 이미 그런 것을 수도 없이 반복하면서 경험했기 때문입니다.

결정하세요. 나는 무슨 일이 일어나도 긍정적이고 사랑할 것입니다.

달궈진 꼬챙이를 기억하시죠? 부정적이고 비-사랑 반응이라 불리는 뜨거운 꼬챙이를 흘려보내기 시작하세요. 한 번 해보세요. 스스로 증명해보세요. 무슨 일이 있어도, 무슨 일이 어떻게 돌아가더라도, 그들이 무엇을 하건, 무엇을 말하건 긍정적이고 사랑하세요.

무슨 일이 일어나도 긍정적이고 사랑한다면, 당신은 사랑의 편으로 건너가게 됩니다. 사랑은 모든 것을 정복합니다. 사랑은 변화시킵니다. 사랑은 해답입니다.

세 가지 강력한 행동 지침을 실행에 옮기세요. 그리고 연습하세요. 그렇게 하지 말라고 속삭이는 마음의 소리는 듣지 마세요. 당신은 적절한 시간과 적절한 장소에 있습니다. 행동하세요. 사랑하세요. 비-사랑 감정을 흘려보내세요.

세 가지 강력한 행동 지침들을 연습하세요.

❖ 비-사랑 감정을 흘려버리세요.
❖ 당신이 원하는 것을 마음속에 붙드세요.

❖ 무슨 일이 일어나도 항상 긍정적이고 사랑하세요.

당신은 최고의 행복을 경험할 것이며 모든 것을 갖게 될 것입니다.

스스로 그것을 증명해보세요.

저는 항상 행운이란 아무 이유 없이 누군가에게 일어나는 신비스러운 무언가라고 생각했습니다. 이제는 이해합니다. 이제 저는 행운이란 자기 사랑이라는 걸 압니다. 제게 엄청난 행운이 일어나기 시작했기 때문에, 저는 스스로 그것을 증명했습니다. 제가 자신과 타인들을 사랑하기 시작했을 때, 모든 것들이 저에게 밀려오기 시작했습니다. 이제 저는 행운이 넘치는 삶을 살고 있습니다. 신기한 좋은 일들이 항상 저에게 일어나고 있습니다.

– BW, 오리건

11

당신은 당신이
생각하는 것보다
강합니다

당신은 강합니다. 알고 있나요? 지금 이 순간 당신이 상상할 수 있는 것을 넘어 훨씬 더 강합니다.

당신은 "만약 내가 그렇게 강하다면, 왜 나는 강하다고 느끼지 못하는 거죠?"라고 묻습니다. 이유는 간단합니다. 당신이 대부분의 사람들과 비슷하다면, 자신의 힘이 새어나가도록 했을 겁니다. 아마도 매일 그렇게 새어나가도록 두었을 것입니다. 스스로 그러고 있다는 것조차 알아차리지 못합니다. 왜냐하면 그것은 대부분의 사람들이 평생에 걸쳐 만든 습관이기 때문입니다.

　그렇다면 우리 인간이 새어나가게 한 그 힘은 무엇일까요? 그것은 사랑의 힘입니다. 사랑, 전 우주에서 가장 강한 힘이자 가장 강력한 기운입니다. 무한하게 공급되는 사랑이 당신에게 있습니다. 사랑의 힘을 새어나가도록 한 적이 있었나요? 당신 삶을 되돌아보세요. 사랑의 힘을 새어나가게 한 적이 있는지 확인하세요. 사람들은 살아가면서 겪는 어떤 일에 자동으로 반응하면서 자신의 힘이 새어나가도록 둡니다. 어떤 일이 생겼을 때, 사람들은 정신의 컴퓨터로 들어가 자신을 보호할 것이라고 생각되는 반응을 찾습니다. 그들은 반응합니다. 누군가 그들을 공격합니다. 그들은 분노로 반응합니다. 누군가 그들을 위협합니다. 그들은 공포로 반응합니다. 누군가 그들을 지배합니다. 많은 사람들이 굽실거리고 구석으로 물러나는 반응을 합니다.

　당신은 자동적으로 행동해왔나요? 자동적으로 부정적, 비-사랑의 방식으로 반응했나요?

대부분의 사람들은 그런 비-사랑 반응이 그들을 보호한다고 일찌감치 결정해버립니다. 대부분 자궁 밖으로 나오자마자 그렇게 결정합니다. 아기들은 자기들이 원하는 것을 어른들이 하도록 만들려고 웃습니다. 만약 웃었는데도 원하는 반응을 얻어내지 못하면, 원하는 반응을 얻기 위해 분노를 이용합니다. 대부분의 사람들은 아기였을 때 쓰던 것과 똑같은 반응을 여전히 쓰고 있습니다. 자동으로 그렇게 합니다. 자신이 무엇을 하는지 보지 못합니다. 그런 부정적, 비-사랑 반응은 효과적이지 않습니다. 그런 반응은 스스로에게 총을 겨누는 것과 같습니다. 그런 모든 반응들은 오로지 그렇게 반응하는 사람에게 상처를 입힐 뿐입니다.

그런 부정적 반응들은 당신의 힘, 사랑의 힘을 새어나가게 합니다.

우리 인간이 스스로의 힘을 새어나가게 하는 몇 가지 다른 방법들을 살펴봅시다.

자신을 다그치는 것이 목록의 맨 꼭대기를 차지합니다.

자신을 다그치는 것은 사랑을 빼앗아갑니다. 우리 스스로를 파괴합니다. 보세요. 사람들이 어떻게 그들 자신을 닦달하는지 주의를 기울여보세요. 그들의 입에서 나오는 부정적인 말들을 관찰하세요. 그런 말로 스스로를 닦달하는 중입니다. 만약 다른 사람들이 그런 식으로 그들에게 말하면, 그들은 경찰을 부를지도 모릅니다. 그것은 강한 사랑의 기운을 새어나가게 합니다.

자신에게 욕을 하거나, 스스로에 대해 부정적으로 생각하는 건 자신을 자학하는 확실한 방법으로 많은 사람들이 그렇게 하고 있습니다. 그들은 자신의 외모를 좋아하지 않습니다. 그들은 자신의 몸을 좋아하지 않습니다. 그들은 자신의 직업을 좋아하지 않습니다. 그들은 자신의 집도 좋아하지 않습니다. 기타 등등. 우리 중 많은 사람들이 좋아하지 않는 것에 관한 긴 목록을 갖고 있습니다.

당신 자신을 보세요. 자신에 대해 혹은 자기 인생에 대해 좋아하지 않는 것들 때문에 스스로를 얼마나 다그치는지 목록을 작성해보세요. 스스로가 세운 기준과 그 기준에

미치지 못한다고 생각해서 얼마나 자신을 닦달하는지 보세요. 자신을 괴롭히는 모든 것이 당신의 에너지를 새어나가게 합니다. 그 모든 것들이 행복을 앗아갑니다. 그것들이 힘을 새어나가게 합니다. 그것들이 당신을 비-사랑 존재로 만듭니다. 그 모든 것들이 당신에게서 사랑의 힘을 빼앗아 갑니다.

반감은 스스로를 괴롭히기 위한 또 다른 말입니다.

반감은 그 또는 그녀를 좋아하지 않는 것입니다. 이것 혹은 저것을 좋아하지 않는 것입니다. 대부분 반감은 '자신'을 좋아하지 않는 것입니다. 스스로를 좋아하지 않는 것입니다. 당신을 끌어내립니다. 당신을 끌어내리는 행위는 당신을 바닥으로 내칩니다. 사람들의 얼굴에서 그것을 봅니다. 그들은 쏘아봅니다. 얼굴을 찡그립니다. 그들이 자신을 비난하고 있기 때문입니다.

여기 몇 가지 주목할 것이 있습니다. 사람들은 누군가가 못마땅한 얼굴로 자신을 바라보는 것을 봅니다. 사람들은 그 사람이 자신을 쏘아본다고 생각합니다. "그 사람이 기분 나쁘게 날 쳐다보았어요. 분명히 오늘 내 헤어스타일이 별로였기 때문일 거예요." 우리는 다른 사람이 우리에게 반감을 갖고 있지 않은 상황에서도 그것을 개인화합니다. 그들이 스스로에게 반감을 갖고 있는데 우리는 그들이 우리에게 반감을 갖고 있다고 생각합니다. 우리가 우리 자신에게 반감을 갖고 있기 때문입니다. 당신은 그렇게 당신의 힘을 새어나가게 합니다.

무의식적으로 다른 사람에게 찡그린 얼굴을 하지 않도록 사랑을 드러내세요. 그것은 비-사랑 행동입니다. 우리는 비난하고, 무의식적으로 다른 이들을 우리와 함께 끌어내립니다. 슈퍼마켓에서 어떤 아이는 찡그린 얼굴의 남자를 흘끗 보고, 그가 자길 보고 찡그렸다고 생각합니다.

당신이 어떤 방법으로 반감을 드러내는지 보세요. 반감은 부정적인 것이 어떻게 더 부정적인 것들을 끌어당기는지 보여줍니다. 반감을 가진 우리들 중 몇몇은 삶에서 못마땅한 것을 더 많이 가지게 됩니다. 반감으로 가득 찬 사람들은 못마땅한 이유들을 끌어당깁니다. 이런 유형의 사람들을 본 적이 있을 것입니다. 먹구름들이 그들을 쫓아다니며 에워싸는 것처럼 보입니다.

사랑하면, 삶에서 사랑할 일이 더 많이 생깁니다. 당신은 더 많은 성공을 거둘 것이고, 더 행복할 것입니다. 그리고 더욱 풍요로워질 것입니다. 당신이 사랑할 때 말입니다.

우리의 힘을 새어나가게 하고, 자신을 자학하게 만드는 또 다른 방법은, 답을 찾기 위해 마음에 물어보는 것입니다. 마음에 묻는다는 것은 무언가를 찾아내려는 노력입니다. 그것은 마음과 격투를 하며, 정답을 찾아내려 애씁니다. 대부분의 사람들이 사는 방식입니다. 그래서 사람들은 아프고 절망하며, 비-사랑으로 살아갑니다. 당신을 위해, 이것을 알아채려고 노력하세요. 당신이 이런 질문, '이 상황을 어떻게 해결할 수 있을까?'를 스스로에게 던진 것은 당신이 답을 찾기로 결심했기 때문입니다. 지금 어느 거리에서 살고 있는지 당신은 압니다. 자신의 이름을 압니다. 당신의 마음은 대답을 알고 있습니다. 그렇지만, 당신이 무언가를 알지 못한다면, 그건 단순히 당신의 마음이 알지 못한다는 의미입니다. 만약 당신의 마음이 알았더라면, 당신은 질문하지 않았을 테니까요.

삶에서 언제나 발생하는 이런 미묘한 것을 살펴보세요. 당신은 무언가를 알지 못합니다. 당신은 마음에 묻습니다. 그것에 대하여 생각하기 시작합니다. 대답을 찾기 위한 노력을 시작합니다. 마음 안에 있는 그 답을 찾으려고 며칠 밤을 뒤척이며 잠 못 들지도 모릅니다.

마음은 대답을 알지 못합니다. 어떻게 확신할 수 있을까요? 왜냐하면, 당신이 알지 못하기 때문입니다. 당신은 대답이나 해결책을 갖고 있지 않습니다. 우습지 않나요? 매시간, 매일, 해마다, 평생 동안, 우리는 알지 못하는 무언가에 대해 묻는 겁니다. 마치 대답을 찾으려고 비어 있는 문서 보관함을 들여다보고 그 안에 답이 없다는 걸 확인하고도 계속 찾는 것과 같습니다. 우리가 가진 힘을 빈 문서 보관함을 찾는데 다 썼습니다. 우리는 사랑을 그 마음들로 새어 나가게 합니다. 아침에 눈을 떴을 때, 매번 기진맥진한 이유입니다.

당신이 자신의 마음에 질문할 때, 마음은 답을 알지 못하지만, 무언가를 말합니다. 마음은 자신을 괴롭히라고 말합니다. 몇 가지 상황을 해결할 수 없는, 그것을 이해하지 못하는, 답을 가지고 있지 않은 자신을 괴롭히라고 말합니다.

바로 지금 이 순간, 몇 가지 답을 찾을 수 있습니다. 어떻게 돈이나 재정 문제를 해결할지, 어떻게 인간관계를 해결할지, 어떻게 건강 문제를 해결할지, 어떻게 체중을 감량할지, 어떻게 스트레스를 극복할지, 어떻게 숙면을 취할 수 있을지 등등에 대해 답을 구할 수 있습니다. 이 모든 것이 당신을 더욱 부정성에 빠지게 하는데, 마음이 이런 문제들에 대한 답을 못 찾는 자신을 자학하게 만들기 때문입니다. 이 모든 것이 당신의 힘을 포기하게 만듭니다.

당신은 행복하기를 원합니다. 그렇다면 마음에 질문하는 것을, 자신을 다그치는 것을 멈추세요. 만약 밤낮으로 그 힘을 새어나가게 하는 대신 그 힘을 갖고 싶다면, 마음이 갖고 있지 않은 대답들에 대해 묻지 마세요. 어떤 이유에서 건 더 이상 자신을 다그치지 않는 곳으로 가세요.

우리의 힘을 새어나가게 하는 또 다른 방법은 우리를 사랑해줄 사람들을 구하려고 노력하는 것입니다. 그들의 사랑을 얻기 위해 무엇이든지 할 것입니다. 그들의 귀에다 듣기 좋은 말을 속삭이면서 우리를 사랑하게 만드는 건 우리가 가진 힘을 새어나가게 하는 행위입니다. 그들은 그들 자신을 사랑하지 않습니다. 어떻게 그들이 당신을 사랑할 수 있을까요? 마치 파산한 은행에서 돈을 받으려고 노력하는 것과 같습니다.

당신을 사랑해달라고 간청하지만, 그들은 당신에게 줄 사랑을 갖고 있지 않습니다. 당신이 당신을 사랑해줄 누군가를 원하는 것만큼 그들도 그들을 사랑해줄 누군가를 원합니다. 당신의 마음은 그것을 확인하기를 원하지 않습니다. 마음은 당신이 다른 사람에게 사랑을 얻어야 한다는 생각으로 자신의 힘을 소진하는 바로 그 자리에 머물기를 원합니다.

제가 자주 말했지만, 인정을 구하는 건 당신이 발행할 가장 비싼 수표입니다. 왜냐하면 당신은 사랑이라 불리는 것을 대가로 받기를 희망하며 자신의 힘을 누군가에게 주지만, 당신에게 줄 사랑이 그들에게는 없기 때문입니다. 그것은 가장 금액이 높은 수표입니다. 이미 자신이 가진 것을 누군가가 당신에게 주기를 바라면서, 당신은 모든 힘을 소진할 것이기 때문입니다.

당신이 사람들로부터 인정받으려고 노력하는 방식을 보세요. 그들이 당신을 좋아하기를 원하며, 당신을 사랑하기를 원하며 자신의 힘을 빠져나가게 합니다. 인정받고 싶은 마음은 당신을 끌어내립니다. 그것은 당신을 방전시킵니다. 당신은 누구의 인정도 필요하지 않습니다. 당신은 우주 안의 모든 사랑을 자신의 내면에 가지고 있습니다. 당신을 좋아하기를, 사랑하기를 바라는 마음을 흘려보내세요. 그 대신, 그저 그들을 사랑하세요. 돌려받겠다고 기대하지 말고 그저 그들에게 사랑을 주세요.

우리 인간이 자신의 힘을 어떻게 포기하는지를 볼 수 있는 몇 가지 예시가 여기 더 있습니다. 화내기, 좌절하기, 격분하기, 질투하기, 겁에 질리기, 후회하기, 의심하기, 불평

하기, 방어적으로 행동하기, 과장하기, 희생양을 자처하기, 걱정하기 그리고 두려워하기. 이런 식으로 목록을 계속 이어갈 수 있습니다. 그러나 삶에 무슨 일이 일어나는지 살피고, 자동적인 부정적 반응을 알아차리는 게 더 낫습니다. 그런 부정적인 반응이 힘과 사랑을 빠져나가게 합니다. 그것들이 당신을 비-사랑에 머물게 하고, 강력한 기운을 흘러나가게 합니다.

자신에게 말하세요. "이런 부정적 반응이 어떻게 나를 도울 수 있겠어? 어떻게 나를 더 사랑스럽게 만들겠어? 어떻게 나를 더 긍정적으로 만들겠어? 어떻게 내가 더 강하게 느끼도록 만들겠어? 어떻게 나를 더 활기차게 만들겠어?" 당신은 즉시 그럴 수 없다는 걸 알게 됩니다. 당신을 도울 수 없다는 걸 알게 되면, 힘을 빼앗는, 사랑을 빼앗는 행동을 흘려보내기 시작하는 것이 쉬워집니다. 당신의 삶은 거기에 달려 있습니다. 이런 행동을 하는 자신을 보면서, 그것이 당신을 도울 수 없다는 걸 알게 되고, 그것을 흘려보내면서 당신의 힘을 되찾는 것이 당신이 얼마나 좋은 삶을 누릴지를 좌우합니다.

사랑이 있는 곳을 찾아내세요. 사랑은 당신 내면에 있습니다. 부정적인, 비-사랑 감정에 묻혀 있습니다. 당신의 힘을 되찾으세요. 찾아내세요. 우주 안의 모든 사랑은 당신 안에 있습니다. 외부에서 찾는 것을 멈추세요. 밖에서 사랑을 찾으며 자신의 힘을 포기하는 것을 멈추세요.

다음 장에서 저는 어떻게 힘을 되찾고, 어떻게 힘을 키우고, 당신이 포기했던 모든 힘을 어떻게 되가져오는지 말하겠습니다.

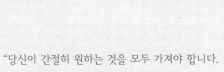

"당신이 간절히 원하는 것을 모두 가져야 합니다.

당신은 그렇게 할 수 있습니다."

12

사랑하는 힘을
키우세요

앞에서, 당신의 비-사랑 행동과 힘을 포기하는 몇 가지 방식들을 보았습니다.

사랑을 키우고 힘을 되찾는 방법은 간단합니다. 자신을 사랑하세요. 그것입니다. 그것이 비-사랑으로 포기했던 모든 힘을 되찾는 데 필요한 전부입니다. 자신을 사랑하세요.

매 순간 당신의 비-사랑 감정을 찾아내어 털어내는 것부터 시작하세요. 모든 비-사랑 감정을 흘려보내고 자신을 사랑하여 당신의 힘을 되찾으세요.

삶은 결정입니다. 당신이 당신의 삶을 결정합니다. 당신이 비-사랑으로 살 것인지 결정합니다. 혹은 이미 충분히 고통스러웠다고 당신이 결정하고 이제 사랑하기로 결정합니다. 지금까지 당신을 이끌었던 비-사랑의 삶을 끝내기로 결정하세요. 이만큼으로 충분하다는 결정입니다. "나는 사랑을 할 거야. 나 자신을 사랑할 거야."

당신은 힘을 키울 준비가 되었나요? 힘을 키운다는 건, 하루 종일, 매시간 세 단어를 말하는 겁니다. "나는 너를 사랑해." 이것이 당신의 힘을 키우고 그 힘을 되찾는 방법입니다. 이것이 당신이 가져야 할 멋지고 긍정적인 삶을 사는 방법입니다.

사랑과 인정을 보내면서, 저는 많은 것을 얻었습니다. 지난 몇 년간 꽉 붙들고 있던 불안과 죄의식 그리고 두려움을 놓았습니다. 아내 그리고 딸과의 관계도 좋아졌습니다. 그리고 목과 등의 끔찍한 고통은 완전히 사라졌습니다.

- JM, 사우스캐롤라이나

이 모든 것에 대해 마음에게 질문했다면 지금 확인하세요. 어떻게 당신의 힘을 되찾고, 항상 사랑할 수 있는지를 마음에게 물었다면 이제 확인하세요.

만약 당신이 마음에 질문을 했다면, 마음이 답을 알지 못한다는 것을 발견하게 될 겁니다. 마음은 사랑하는 것에 대해 어떤 실마리도 갖고 있지 않습니다. 마음은 자신을 어떻게 사랑할 수 있는지 알지 못합니다. 비-사랑이 되는 것과 자신을 괴롭히는 것에 집중할 뿐입니다.

그러니까, 자신을 사랑하는 것에 대해 마음에게 묻는 것은 멍청한 짓입니다. 당신의 마음은 알지 못하기 때문입니다. 비어 있는 문서 보관함에서 답을 찾는 것이나 마찬가지지만, 당신은 계속 찾고 있습니다. 그것이 얼마나 멍청한 짓인지 이해할 수 있나요?

당신의 마음은 스스로를 괴롭히라고, 자신을 비난하라고

말해왔습니다. 그렇지 않나요? "나는 충분히 잘하지 못해. 그걸 갖지 못할 거야. 그것에 대해 확신이 없어." 이런 생각들이 당신 자신을 괴롭히라고 말하고 있습니다.

당신을 다그치고 인정하지 못하는 이 모든 것이 당신에게 도움이 되었나요? 그것이 당신을 더 사랑하는 존재로 만들었나요? 당신을 더 행복하게 했나요? 물론, 그렇지 않습니다. 자신을 다그치고 괴롭히는 건 당신을 위해 전혀 긍정적이지 않습니다. 이해하겠어요? 분명히 이해했을 겁니다.

그리고 누가 그러고 있나요? 누가 스스로를 다그치나요? 당신입니다. 그렇습니다.

만일 자신을 괴롭히는 것이 당신을 돕지 못하고, 당신이 그렇게 하는 장본인이라면, 당신은 결정을 내려야 합니다. 당신은 긍정적일 수 있고 자신을 사랑할 수 있다고 결정을 내릴 수 있습니다. 혹은 부정적으로 자신을 자책하겠다고 결정할 수도 있습니다. 당신의 결정은 무엇입니까? 당연히, 긍정적이고 사랑하겠다고 결정했을 것입니다.

자, 자신을 괴롭히는 걸 흘려보낼 수 있나요? 자신의 삶을 파괴하는 건, 시뻘겋게 달구어진 꼬챙이로 살을 태우는 것과 같습니다.

그저 결정을 내리면 됩니다. 자신을 인정하지 못하는 마음을 약간 더 흘려보낼 수 있나요? 심지어 더 많이 흘려보낼 수 있나요?

이제, 긍정적이 되고 자신을 사랑하기로 결정했기 때문에, 자신을 조금 더 인정할 수 있나요? 그저 조금 더 자신을 좋아할 수 있나요? 그저 아주 조금 더 자신을 좋아할 수 있나요? 자신을 조금 더 인정할 수 있나요? 자신을 조금 더 인정할 수 있나요? 조금 더? 더 많이도 가능한가요?

이제 확인하세요. 기분이 어떤가요? 기분이 더 나아졌나요? 그렇죠?

자신에 대한 반감을 흘려보내고, 자신을 인정하면 언제나 기분이 더 나아질 겁니다. 기분이 더 좋아질 텐데, 그 이유는 당신이 긍정의 방향으로 움직였기 때문입니다. 사랑의 방향으로, 힘을 되찾는 방향으로 움직이고 있습니다. 당신이 자신을 더 많이 인정하면, 당신은 더 많이 사랑하게 될 것이고 더 많은 힘을 되찾게 될 겁니다.

제 자신과 평화롭게 지낼 수 있었어요. 이제 사람들과 편하게 대화를 나눌 수 있어요. 자신을 더 신뢰할 수 있기 때문입니다.

— P.H.(15세), 텍사스

마음은 자신을 인정하는 것에 관심이 없습니다. 당신이 자신을 인정할 때, 아마도 마음이 불쑥 끼어들어 자신을 괴롭혀야 하는 이유를 상기시킬지도 모릅니다. 하지만 이제 당신은 마음이 어떻게 작동하는지 통찰할 수 있는 능력을 갖고 있으며, 그것에 다가가서 사라지라고 말할 수 있습니다. 당신은 자신에 대한 반감을 흘려보내고, 자학하는 행위를 흘려보낼 수 있고, 계속 자신을 인정할 수 있습니다.

일단 이렇게 시간을 보내면, 마음이 끼어들어 당신을 괴롭히라고 말할 때 당신은 반가울지도 모릅니다. 당신은 미소 지으며 말할 것입니다. "마음아, 네가 또 왔구나." 그런 마음들이란 당신이 더 많은 반감을 흘려보낼 수 있다는 걸 알려주는 지표이기 때문에, 당신은 반가울 겁니다.

반감을 하나씩 조금씩 흘려보내면서, 당신은 더 많은 사랑을, 그리고 당신의 긍정적이고 사랑스러운 본성을 더 많이 발견할 겁니다. 그러니 그저 반감을 더 많이, 더 많이, 더 많이 흘려보내세요. 그리고 그 때 자신을 사랑하고, 인정하세요.

> 저는 자신을 혐오하는 걸 멈추었습니다. 그것은 몇 년 동안이나 가지고 다녔던 무거운 짐을 던져버리는 것과 같았습니다.
>
> – RK, 아이다호

자신을 다그치는 걸 멈추고 스스로를 인정하는 연습을 더 많이 할수록, 자신을 더 많이 사랑하고 자신이 되어가는 걸 보게 될 것이고, 더 많은 힘을 되찾게 될 것입니다. 스스로를 인정할 때, 더 강해지는 자신을, 계속 더 높은 기운을 향해 올라가는 자신을 보게 될 것입니다.

사랑의 힘을 키우세요. 그것은 쉽습니다. 그저 자신을 사랑하세요.

여기 한 가지 과제가 있습니다. 자리에 앉아서 여러분 자신에게 할 수 있는 한 오랫동안 자신을 인정하세요. 이 연습을 할 때 매번 시간을 늘려가세요.

이 연습이 당신에게 생소하게 들리나요? 당연히 그럴 것입니다. 하지만 이제 무언가 다른 것을 시도할 때가 아닌가요? 무언가 다른 것으로 무언가 다른 걸 시도해야 합니다. 이제 자신을 괴롭히라고 말하는 마음의 소리를 멈추어야 할 때가 아닌가요? 이제 주인 자리를 되찾아야 할 때가 아닌가요? 당신의 마음입니다. 당신이 주인입니다. 주인의 역할을 할 때가 아닐까요? 당신의 에고에게 사라지라고 선언할 때가 아닌가요? 더 이상 그것이 필요하지 않습니다.

당신이 결정을 내리는 데 도움이 될 만한 제안을 하려 합니다. 자신을 다그치고, 자책하고, 자학하는 것을 멈추겠다고 결심하세요. 당신이 할 수 있는 가장 똑똑한 행동을 하는 것입니다. 자신을 사랑하세요.

텔레비전의 전원을 몇 분간 끕니다. 그 시간에 당신의 하루를 되돌아보고, 자신을 괴롭히고, 인정하지 못했을 때를 상기하세요. 자신에 대한 불만을 흘려보내고 당신이 할 수 있는 데까지 그것을 반복하세요. 그리고 자신을 인정해보세요. 지속적으로 자신을 더 많이 인정하세요. 나는 너를 사랑해. 나는 너를 사랑해. 나는 너를 사랑해. 나는 너를 사랑해.

당신은 언제 어디서나 자신을 사랑할 수 있습니다. 교통 신호를 기다리면서도 자신을 사랑할 수 있습니다. 슈퍼마켓 계산대에서도 자신을 사랑할 수 있습니다. 하루 종일 자신을 사랑할 수 있습니다. 멍하게 시간을 보내는 대신, 자신의 사랑을 키우고, 힘을 키우는 시간으로 모든 순간들을 이용할 수 있습니다.

자기 사랑을 연습하세요. 그러면 멋진 발견을 하게 될 것입니다. 당신은 사랑스러운 존재입니다. 당신이 사랑입니다. 당신은 사랑을 갖고 있습니다. 당신은 사랑을 무한하게 받도록 허락되었습니다. 사랑이 무한하게 공급되면 수소폭탄보다도 훨씬 강력합니다. 지금 이 순간, 비-사랑, 자책과 자신에 대한 반감으로 덮여 있는 그 힘을 당신의 안에 가지고 있습니다.

자신을 발견하세요. 자신을 사랑하고 찾아내세요. 자신을 사랑하세요. 행복해지고 건강해지고 성공하고 풍요로워질 것입니다.

사랑이 답입니다. 힘을 키우세요. 비-사랑 감정을 흘려보내고 힘을 되찾으세요. 자신을 사랑하세요.

제 자신에게 줄 수 있는 최고의 선물은 자신을 인정하고 자신을 사랑하는 것입니다.

– LR. 위스콘신

13

아이들에게
사랑을
연습해봅니다

다음은 레스터 레븐슨의 말입니다.

사랑을 연습하기

먼저 당신의 가족에게 해봅시다. 당신의 가족을 더 많이 사
랑하도록 노력해보세요. 할 수 있다면, 가족 구성원 각자를
그들만의 존재로 인정해주세요. 어린 자녀에게 그렇게 하
는 것은 특히 어려운 일입니다. 어린 자녀를 포함하여 가족
구성원 한 명씩을 전체로서, 완전함으로, 무한함으로 개별

적인 신의 자녀로 인정하세요. 만약 그렇게 할 수 없다면, 가능할 때까지 계속 시도하세요.

사람들은 서로를 필요로 하고 그것을 사랑이라고 생각합니다. 고집스레 붙들고 있는 소유의 개념은 사랑이 의미하는 것과는 정반대입니다. 세상이 사랑을 바라보는 방식은 공유하는 사랑이 아니라 개인의 만족을 얻고 에고의 필요를 채우는 것입니다. 진정한 사랑, 우리가 이야기하는 그 사랑은 그것을 나누는 것 외에는 그 어떤 것도 더 원하지 않습니다. 그리고 사랑을 더 나눌수록 기쁨은 더욱 커집니다.

수용한다는 건 사랑에 대한 또 다른 훌륭한 정의입니다. 당신이 사람들을 사랑할 때, 당신은 그들을 그들 자체로 받아들입니다. 당신은 그들을 변화시키기 위해 노력하지 않습니다. 당신은 그들의 존재를 인정합니다. 달리 말하면, 그들을 당신이 원하는 방향으로 바꾸기 위해 노력하기보다는 그들이 존재하려는 방식 그대로 내버려두는 것입니다. 사랑은 당신이 사랑하는 그것을 자유롭게 해주는 느낌입니다. 당신이 사랑할 때, 당신은 다른 사람을 그들이 존재하는 방식 그대로 사랑합니다.

자녀가 부모로부터 원하는 주요한 것은 사랑입니다. 당신은 자녀를 속일 수 없습니다. 그들은 당신의 감정을 아는데, 그것이 바로 그들이 느끼는 것입니다. 그들은 당신이 내뱉는 말을 듣지 않습니다. 당신은 자신을 속이고, 말로써 다른 이들을 속이지만, 자녀들을 속일 수 없습니다. 그러나 자녀에게 사랑을 주면, 그 자녀는 이번 생애 동안 사랑을 키울 것입니다. 그리고 그 자녀에게 매우 행복한, 최고로 행복한 삶의 조건을 이룰 것입니다.

나는 항상 어머니들께 말해왔습니다. "만약 자녀들을 돕고 싶다면, 어머니 자신을 도우세요." 그것이 당신의 자녀들을 돕는 최고의 방법입니다. 당신이 자녀를 사랑할 수 있기 전에, 사랑이 무엇인지 알아야 하고, 그것을 키워야 하고, 사랑하는 능력을 갖춰야 합니다. 만약 자녀들과 대립하는 대신에 사랑하는 능력을 갖췄다면, 자녀와의 관계는 정반대가 될 겁니다. 부모와 자녀는 하나의 완벽한 조화를 이룰 것입니다. 단지 우리가 그동안 사랑이 무엇인지에 대해 통찰하지 못했기 때문에, 부모와 자녀가 힘들게 대립하고 있습니다. 다만 많고 적음의 차이가 있을 뿐, 대부분의 가정에 대립이 존재합니다. 현재의 세상은, 매우 혼란스러운 상태이고, 우리가 이곳으로 왔던 진정한 가치에 대해 거의 알지 못하며, 잘못된 돈, 허세 등을 좇아 길을 잃었기 때문입니다.

자녀들을 위해 당신이 할 수 있는 최고의 것은 모범을 보이는 것입니다. 모범을 보이는 것이 자녀들을 가르치는 최고의 방법입니다. 그들은 자신의 부모처럼 되기를 원합니다. 그래서 항상 부모에게 돌아옵니다. 만약 당신이 자녀들을 돕고 싶다면 반드시 당신 자신을 도와야 합니다. 그러면 의식적으로 무엇인가를 해야 할 필요가 없다는 것을 깨닫게 됩니다. 그저 스스로를 돕고, 그들이 성장하는 것을 보게 될 겁니다.

만약 우리가 우리의 자녀들을 사랑한다면, 그들을 자유롭게 해줍니다. 우리는 그들이 성장하고, 활짝 피어나고, 마치 꽃이 그러듯이 터져 나오는 걸 그대로 허용합니다. 우리는 그들을 속박하려고 애쓰지 않습니다. 우리는 그들이 신의 존재들임을 알기에 그들을 자유롭게 하고, 그들을 이끌고 사랑하고, 그들을 놓아줍니다. 그들도 나처럼 신의 존재라는 걸 당신은 느껴야만 합니다. 그렇게, 그들은 자신들이 시작한 방식대로 삶을 살아갈 것입니다. 당신은 그들이 자유롭도록, 그들이 당신의 소유물이 아니라는 걸 느끼려고 노력해야 합니다. 이것은 집착을 하는 사랑보다 더 높은 사랑입니다.

그들을 이끌어주세요. 당신이 그들을 자유롭게 한다면, 그들은 당신에게 길잡이를 청할 것입니다. 그러나 당신이 어린 시절의 방식대로, 현재의 방식으로 통제하고 따라하게 하면 분개합니다. 그들은 명령대로 움직이는 걸 좋아하지 않습니다.

그러나 그들은 배우기를 원합니다. 타고난 호기심을 갖고 있습니다. 그들은 당신에게 질문합니다. 만약 당신이 첫날부터 그들을 놓아주기 시작한다면 자녀 양육은 가장 쉬운 일 중에 하나가 될 것입니다. 그들은 당신을 따를 것입니다. 하지만 첫날부터 그들에게 무엇을 해야 하는지, 무엇을 하지 말아야 하는지에 대해 말하면, 그들은 마치 어른인 양 행동할 것입니다. 그들은 그것에 분개합니다. 그들은 그것에 저항할 겁니다. 그러면 반항적 기질이 만들어지고 자녀가 걸음마를 익힐 즈음 이러한 반항적 기질이 꾸준히 잘 발전할 겁니다. 자녀를 키우는 일이 참으로 어렵게 됩니다.

자녀들에 집착하기 때문에 우리는 그들을 조종하려 애쓰고 그들은 저항합니다. 우리는 그러한 방식으로 길들여져 왔습니다. 우리는 그 방식으로 우리의 자녀들을 길들이고, 자녀들은 또 그들의 자녀들을 그렇게 길들일 것이고 이것이 계속 이어집니다.

처음부터 올바르게 길들이기 시작하면 저항감 없이 성취할 수 있습니다. 그들에게 가능성, 대안들을 보여주고 그들 스스로 결정을 내리게 하세요. 그렇게 하면 그들은 처음부터 당신과 함께하려 하고 반항하는 습관을 개발하지 않습니다.

사랑을 연습하는 첫 번째 장소는 가족이 함께하는 가정

입니다. 우리가 가족들이 스스로 존재하려는 방식대로 존재할 권리를 더 인정하려면 더 많이 사랑하기 위해 노력해야 합니다.

자녀가 우리에게 원하는 중요한 것은 사랑이고 우리는 자녀를 속일 수 없습니다. 자녀들은 우리의 느낌을 알고 그것을 그들은 읽어냅니다. 우리는 언어로 자신을 속이지만 그들을 속일 수는 없습니다.

헌신적으로 자녀를 사랑하면, 그 자녀는 살아가며 그 역시 헌신적인 사랑을 개발할 것입니다. 그리고 그 자녀에게 가장 행복한 삶을 위한 조건이 될 것입니다.

그 감정의 안에 있는 것이 사랑이기만 하다면 우리가 어떻게 행동하는지는 문제가 되지 않습니다. 그 태도가 그 행동보다 더 중요합니다. 이것을 가족에게 실행해보세요.

자녀와 대립하는 대신 헌신적으로 사랑할 수 있다면, 부모와 자식 간에는 완벽한 조화가 이뤄질 것입니다. 하지만 우리가 헌신적인 사랑에 대해 통찰하지 못했기 때문에, 부모와 자식 간의 이런 대립으로 인한 어려움을 겪는 것입니다.

> 제 사춘기 아들과의 관계는 놀랄 만큼 좋아졌습니다. 우리는 이제 서로를 인정하고 사랑합니다.
>
> – MG, 캘리포니아

다음의 이야기는 우리의 감정이 우리의 경험에 어떻게 영향을 주는지 보여줍니다.

> 어느 날, 저녁 식사 자리에서 딸들이 음식에 대해 칭찬을 하는 중이었습니다. "와! 정말 맛있어요. 엄마, 아주 맛있어요." 그리고 이내 접시를 비웠습니다. 그날 저녁 음식은 딸들이 그렇게 좋아하는 요리가 아니라 나는 매우 놀랐습니다. 그래서 저는 그 음식이 정말 맛있느냐고 다시 물었습니다. "네 , 엄마 아주 맛있어요. 또 만들어 주세요."
>
> 그래서 생각해봤습니다. 그날 온종일 저는 기분이 무척 좋았습니다. 음식을 준비하는 동안 제가 매우 긍정적이고, 사랑스러운 생각을 했다는 사실이 떠올랐습니다. 그런 사랑스러운 생각이 그 음식

에 영향을 주어 그렇게 맛있게 된 것이었습니다.

그다음 주 어느 날, 저는 아이들이 제일 좋아하는 음식을 준비했는데 아이들은 음식을 깨작거리고 있었습니다. 그래서 물어보았죠. "왜 그러니?" 아이들은 "엄마, 맛이 별로예요"라고 대답했습니다. 아이들의 말에 저는 또 한 번 놀랐습니다. 저는 그 음식을 늘 하던 대로, 같은 방법으로 만들었기 때문입니다.
저는 깊이 생각해보았고 깨달았습니다. 요리를 하는 동안 수많은 부정적이고, 분한 생각들을 하고 있었습니다. 그 음식을 준비할 때 저는 행복하지 않았습니다.

아이들이 제게 교훈을 주었습니다. 저는 감정과 생각들을 좀 더 관찰해서 알아야겠다고 결심했습니다. 저는 사랑이 기쁨을 키운다는 것을 발견했습니다. 부정적인 생각과 감정이 삶의 모든 것에 부정적인 영향을 미친다는 것도 발견했습니다.

— 마니샤 메타, 뉴저지

막내아들이 전화로 저를 사랑한다고 말했습니다. 그것이 그 아이의 생애 두 번째 문장이었습니다. 그 아이는 18개월입니다. 제 큰아들에게는 '엄마는 너를 사랑한단다'라고 속삭이는 기술을 썼더니 학교에서 말썽부리는 걸 멈추었습니다.

— AW, 영국

"당신의 외부에서 사랑을 찾는 건, 시간 낭비입니다.

그것은 당신 안에 있기 때문입니다."

14

자기 사랑 연습만이
전부입니다

자신을 사랑하면서, 저는 극심한 우울증을 극복했어요. 저는 불안증, 심장 두근거림, 감기, 심지어 발목 삔 것도 나았습니다. 더 좋은 것은, 더 행복하고 마음이 가벼워졌다는 점입니다.

– AW, 캘리포니아

이 방법으로 매일 하루를 시작하기

아침에 일어났을 때, 눈을 뜨자마자 스스로에게 물어보세요. "지금 이 순간 어떤 부분에서 나를 인정하지 못하고 있나?" 어떤 불만도 흘려보내세요. 그런 다음에 자신을 인정하세요. 그리고 자신을 더 인정하고 계속 자신을 인정해주세요.

결정을 내리세요. 의도적으로 하세요. "하루 종일 난 자신에 대해 무엇이 불만인지를 찾을 거야. 그것을 찾는 즉시 흘려보내고 나를 인정할거야. 그리고 나는 더 많이, 더 많이 인정할 거야."

예를 들어, 차가 막히면 당신은 어떻게 시간을 보내나요? 당신에 대한 반감을 찾아내어 그것을 흘려보내기에 아주 좋은 시간입니다. 신호등이 푸른 신호로 바뀔 때까지 자신을 더 많이 인정하세요. 하루 동안 가능한 자주, 단 몇 분이라도 자신을 인정하는 시간을 갖고, 자신에 대한 불만을 버릴수록 당신의 하루가 얼마나 좋아지는지 지켜보세요.

저는 사랑의 힘을 경험했습니다. 특히 제가 자신을 싫어할 때, '난 너를 사랑해'라고 말하는 것의 힘을 경험했습니다. 그건 분명히 효과적입니다.

– BW, 일리노이

하루 동안 방해받고, 좌절하고, 화가 나거나 부정적인 기분에 사로잡힐 때, 당신이 누군가나 무언가 아마 당신 자신이겠지만 나에게 반감을 갖고 있다는 사실을 알아차리기 위한 시간을 가질 때입니다. 그것을 알고 그것을 흘려보내세요. 부정성을 흘려보내고 자신을 인정하거나 혹은 무엇이든 누구든 당신을 거슬리게 한 그것을 인정하세요. 기억하세요. 그런 부정적 기운을 붙잡고 있는 것은 도움이 되지 않습니다. 당신은 결정할 수 있습니다. "나는 긍정적이 될 거야, 불만을 흘려보내고 나를 인정할 거야."

이 방법으로 하루를 마무리하기

이제 저는 잠자리에 들 때 제 자신을 인정합니다. 그러면 잠도 더 잘 자고, 잠을 적게 자더라도 괜찮았습니다. 만약 한밤중에 잠에서 깨면, '나는 너를 사랑해'라고 말하며 일어납니다. 그렇게 잠에서 깨는 것은 멋진 일입니다. 전 다른 사람이 된 것 같습니다.

– CW. 콜로라도

이 과정을 따르면 당신 역시 삶에서 그 어느 때보다 더 푹 잠들 수 있을 것입니다. 매일 밤 베개에 머리를 대자마자, 하루 동안 일어났던 어떤 일에 대하여 어떻게든 이해하거나 알아내려고 노력하는지 살펴보세요. 무언가를 알아내려는 노력을 흘려보내세요. 그리고 확인하세요. 누구든 혹은 무엇에 관해서든 어떤 불만을 갖고 있다면 그 불만을 흘려보내세요. 자신을 인정하는 것을 시작합니다. 그렇습니다. 마치 존경심으로 몸과 마음을 구석구석 닦아낸다고 생각해보세요. 당신 자신을 인정하면서 잠드세요. 당신은 삶에서 그 어떤 순간보다 더 편안히 숙면을 취하게 될 겁니다.

몇 년 동안 불면증에 시달렸지만, 이제 잠드는 것에 대해 더 이상 걱정하지 않습니다. 잘 자고, 깊게 잠들어요. 저는 자신감을 느낍니다. 잠들기 전에 제 자신을 인정하기 때문입니다.

– PZ, 로스앤젤레스

하루 동안, 만약 부정성에 휩쓸렸다면, 긍정적으로 되는 것이 어렵게 느껴질지도 모릅니다. 그러나 당신은 부정성을 알아차리자마자, 자신이 느끼는 것에 대해 '아니요'라고 말했다는 것을 깨닫습니다. 주변 상황이 마음에 들지 않았습니다. 그래서 그것에 대해 '아니요'라고 말합니다. 하지만 '아니요'라고 말하는 것은 당신을 긍정성으로 데려가지 않습니다. 그 대신, 당신이 무엇을 느끼건 '네'라고 말함으로써, 긍정적이 되기로 결심하세요. '네'라고 말하세요. 계속 '네'라고 하세요. 그러면 곧 그 부정적인 감정은 사라질 것입니다. 당신이 혹시 불만을 가졌었다면 흘려보내고 인정해주세요. 그러면 당신은 하루를 더 행복하고 가볍게 보낼수 있을 것입니다. '네'의 힘을 이용하세요. 살면서 스트레스를 받거나 좌절을 겪어야 할 이유가 전혀 없습니다. 그것은 단지 결정하기에 달려 있습니다. 긍정적이 되기로 결심하세요. 긍정적이 되겠다고 결심하면 당신은 행복, 풍요, 건강과 평화의 길로 들어섭니다. 시도해보세요. 좋아하게 될 겁니다. 다음 단계는 '네'의 힘을 연습하는 것입니다.

'네'의 힘

다음 연습들은 몇 개의 범주로 나뉩니다. 따라서 당신에게 가장 큰 반향을 일으키는 감정부터 시작할 수도 있고 자주

이 범주로 돌아올 수도 있습니다. 이런 연습은 당신에게 자연스러워질 때까지 몇 번이고 계속 반복할 것입니다. 연습은 아주 단순하지만 그 효과는 큽니다. 이 연습으로부터 최상의 결과를 얻으려면, 당신은 집중하고, 참여하고, 제가 옆에서 질문하는 것처럼 함께 하겠다고 다짐하세요. 당신이 이것을 그저 다른 읽을거리처럼 읽지 않고 이것을 행한다면, 모든 면에서 좋아질 것입니다. 이 과정을 즐기세요.

제 어머니는 89세로 중증의 심장마비를 겪었습니다. 그녀는 집에서 요양 중이었는데 생각만큼 회복이 되지 않아서 좌절했습니다. 그래서 저는 어머니에게 심장마비와 그녀의 느낌들에게 '아니요'라고 말하는 대신 '네'라고 말하도록 했습니다. 이틀이 지났을 때, 놀랄 만한 변화가 있었습니다. 어머니는 집 밖으로 걸어 나올 수 있었고, 노인회에 참석했을 뿐만 아니라 제 남동생과 쇼핑을 다녀왔습니다. 어머니는 그 변화에 깜짝 놀랐고 저 또한 마찬가지였습니다.

– CC, 인디애나

좌절

당신은 살면서 좌절해본 적이 있나요? 아마 지금 이 순간 무언가가 제대로 되지 않아서 좌절하고 있을지도 모르겠습니다. 하지만 저는 "좌절하면 이 상황을 해결하는 데 얼마나 도움이 되나요?"라는 질문을 던질 수밖에 없습니다. 전혀 도움이 되지 않습니다! 그런데 왜 계속 그렇게 할까요?

지금 즉시 쉽고 빠르게 좌절하지 않는 간단한 연습을 하겠습니까? 네?

좋습니다. 자, 이제 무엇 때문에 당신이 좌절하는지 생각해봅시다.

이제 1부터 10까지의 숫자 중에서, 가장 크게 좌절했던 것을 10에, 가장 적게 좌절했던 것을 1에 둡니다. 지금 당신의 상황은 어느 숫자에 해당되나요?

당신이 기꺼이 무언가를 시도하려 한다면 그 좌절하지 않을 방법을 알려줄 수 있습니다. 당신은 다른 것을 해볼 용의가 있나요?

　그동안 당신은 그 좌절에 대해 항상 '아니요'라고 말했었다는 걸 알았나요? 당신은 좌절을 좋아하지 않습니다, 그렇죠? 당신은 그것에 '아니요'라고 말했습니다. 그렇죠? 그러나 당신이 그것에 대해 '아니요'라고 말하면, 사실 그것을 당신 쪽으로 끌어당기는 것입니다.

　이제 그 좌절하지 않도록 그것에 대해 '네'라고 말할 수 있나요? 그 좌절에 '네'라고 더 자주 말할 수 있나요? 조금 더 할 수 있나요? 그리고 조금 더? 그것에 다시 '네'라고 할 수 있나요? 한 번 더 '네'라고 말할 수 있나요? 또 한 번 더? 또 그 좌절에 '네'라고 할 수 있나요? 조금 더? 또? 아직도 더?

　이제 확인하세요. 1부터 10까지의 숫자 중에서, 그 좌절감의 정도에서 당신은 지금 어디에 있습니까? 좌절에 대해 '네'라고 말하면 실제로 좌절의 크기를 줄여준다는 사실을 알아야 합니다.

이제 당신의 좌절은 그 정도가 더 낮아졌습니다. 그것은 당신이 올바른 방향으로 가고 있다는 표시입니다. 좌절에 대해 '네'라고 말하는 것은 좌절하지 말자고 스스로에게 허락하는 것이고, '아니요'라고 하면 그 좌절을 끌어모으게 될 뿐입니다. 그러므로 이제 그것을 밀어내는 대신, 기꺼이 초대할 수 있나요? 아직 남아있는 좌절에 당신이 지금 '네'라고 말하고, 그것이 왔다가 다시 나가도록 할 수 있나요?

그 좌절에 대해 영(제로)에 갈 때까지, 반복해서 이것을 연습합니다. 만약 독사에게 물렸다면, 당신은 그저 독의 일부분이 아니라, 그 모든 독을 제거하고 싶을 것입니다. 그것과 같습니다. 좌절을 움켜쥐고 있으면 자신을 사랑하는 것을 포함해서 무언가를 성취하는 데 걸림돌이 됩니다. 만약 당신이 누군가나 어떤 상황에 대해 좌절하고 있다면, 좌절을 느끼고 그것이 주위에 머무르도록 하는 사람이 과연 누구인지 생각해보세요. 바로 당신입니다! 그러므로 당신의 모든 좌절을 긁어모아 전부 떠나가도록 하는 것이 현명한 행동입니다. 그래서 당신은 더 행복해지고, 건강해지고, 부유해지며, 더 나은 관계를 가질 수 있습니다.

이 방법을 이용하면서 제 좌절의 깊이가 얕아졌습니다. 작년부터 제 사업은 40퍼센트, 백만 달러 이상 상승했습니다.

– BL, 웨스트버지니아

저는 '네, 네, 네', 나는 너를 사랑해, 나는 너를 사랑해, 나는 너를 사랑해. 조용히, 계속 저를 괴롭혀오던 동업자를 향해 연습했습니다. 몇 번씩 그를 후려치고 싶을 때마다, 튀어나올 때마다, 저는 그에 대한 불만을 내려놓고 '좋아' 그리고 '나는 너를 사랑해'라고 말했습니다. 화요일이 되어, 일에 복귀했을 때 그와 저는 조금의 악의도 없는 예의 바르고 정중한 아침 인사를 주고받았습니다. 그날 이후로 그는 더 이상 나를 괴롭히지 않습니다.

– EK, 시애틀

걱정

당신은 문제에서 빠져나오려고 걱정해본 적 있습니까? 그렇다면 당신은 걱정이 단 한 가지의 문제도 해결하지 못한다는 것을 벌써 알아차렸을지도 모릅니다. 걱정을 쥐고 있으면 그 문제 속으로 더욱 끌려 들어갈 뿐입니다. 그 걱정을 흘려보낼 때 당신은 그 문제에 대한 장애물을 없애고 문제는 해결됩니다.

당신의 걱정을 없애고 문제가 사라지는 것을 볼 준비가
되었나요? 네?

걱정이 줄어들수록 점점 더 평화로워졌습니다.

– WL, 플로리다

그럼 당신이 걱정해왔던 무언가에 대해서 생각해보세요.

여기 1부터 10까지 눈금이 있는 저울이 있습니다. 10이
가장 큰 걱정의 상태이고 1은 최소 걱정의 상태입니다. 지
금 이 순간 당신은 숫자 몇에 있나요?

만약 당신이 그동안의 행동 방식과는 다른 방법을 시도
해보고자 한다면 저는 기꺼이 그 걱정을 제거하는 새로운
방법을 알려드릴 수 있습니다. 무언가 다른 것을 시도할 용
의가 있나요?

그 걱정에 대해 '아니요'라고 말했다는 걸 알겠나요? 당

신은 그 걱정을 좋아하지 않습니다. 그렇죠? 당신은 그것에 대해 '아니요'라고 말해왔습니다. 맞죠? 하지만 그것에 대해 '아니요'라고 말할 때, 당신은 사실 그것을 모으는 것입니다.

자, 이제 당신이 걱정을 없앨 수 있도록 그것을 향해 '네'라고 말할 수 있나요? 그 걱정에 '네'라고 말할 수 있나요? 조금 더? 그리고 조금 더? 그것에 다시 한 번 '네'라고 할 수 있나요? 한 번 더 '네'라고? 또 한 번 더 '네'? 또 그 걱정에 '네'라고 할 수 있나요? 더? 또? 아직도 더?

이제 확인하세요. 1부터 10까지의 숫자에서, 그 걱정과 관련하여 지금 당신은 어느 숫자에 있나요?

걱정을 향해 '네'라고 말하는 것이 실제로 걱정의 크기를 얼마나 줄이는지 알아차리세요. 이제 당신 걱정은 더 낮아졌습니다. 그것은 당신이 올바른 방향으로 향하고 있다는 징후입니다. 걱정에 대해 '네'라고 말하면 그것을 없앨 것을 허락하는 것이고, '아니요'라고 하는 것은 그 걱정을 끌어모을 뿐입니다.

그러므로 이제 그것을 밀어내는 대신, 그것을 기꺼이 초청할 수 있나요? 아직 남아있는 걱정에 당신이 '네'라고 하며, 그것이 그저 마음으로 올라와서 나가도록 할 수 있나요? 당신의 어깨를 뒤로 젖히고 그 모든 걱정을 그저 날려버릴 수 있나요?

그 걱정에 관하여 숫자가 영(제로)에 갈 때까지 이 연습을 계속 반복합니다. 만약 당신이 독사에게 물렸다면, 그저 독의 일부분만 제거하는 게 아니라 독을 전부 제거하고 싶을 것입니다. 마찬가지입니다. 걱정을 붙들고 있으면 해결책을 갖는 것을 방해합니다. 그러므로 당신이 그 걱정을 흘려보낼 때, 앞으로 나아갈 수 있고 해결책도 가지게 됩니다.

저는 불안이 극적으로 감소하고, 긍정의 에너지가 엄청나게 증가하는 걸 느꼈습니다. 저는 수년 동안 혈압에 대해 걱정하고 모든 노력을 기울였지만 소용이 없었습니다. 그런데, 이 방법을 적용한 후에는 혈압이 정상이 되었습니다.

죄책감

만약 당신이 죄책감에 관한 느낌을 붙잡고 있거나 지니고 있다면, 당신은 자신에게 벌을 주고 있는 중입니다. 죄책감을 느끼면 당신의 행복을 방해하고, 당신이 가진 좋은 것들을 무의식적으로 자신으로부터 멀어지게 합니다.

이런 죄책감을 가지는 것은 당신에게 도움이 되지 않습니다. 당신은 죄책감을 빠르고 쉽게 제거할 준비가 되었나요? 네?

그럼 이제 당신이 죄책감을 느꼈던 무언가에 대해 생각해보세요.

이제 1부터 10까지의 숫자에서, 가장 죄책감이 큰 것을 10에, 가장 죄책감이 적은 것을 1에 둡니다. 지금 그 죄책감은 어느 지점에 있나요?

만약 당신이 그동안 해왔던 방식과는 다른 무언가를 할 준비가 되었다면 저는 그 죄책감을 없애기 위한 방법을 알려드릴 수 있습니다. 준비가 되셨나요?

그 죄책감에 대해 '아니요'라고 말했었다는 걸 알겠어요? 당신은 그 죄책감을 싫어합니다. 그렇죠? 그래서 당신은 그것에 '아니요'라고 말해왔습니다. 맞죠? 그러나 당신이 그것에 대해 '아니요'라고 말할 때, 사실 당신은 그것을 끌어당기고 있습니다. 자, 이제 당신은 그것을 제거할 수 있도록 그 죄책감에 대해 '네'라고 말할 수 있나요? 그 죄책감에 '네'라고 말할 수 있나요? 조금 더? 그리고 조금 더? 그것에 다시 한 번 '네'라고 할 수 있나요? 한 번 더 '네'라고 말할 수 있나요? 또 한 번 더? 또 그 죄책감에 '네'라고 할 수 있나요? 더? 또? 아직도 더?

이제 확인하세요. 1부터 10까지의 숫자 중에서, 그 죄책감과 관련하여 당신은 지금 어느 지점에 있습니까? 그것에 대해 '네'라고 말하는 것이 실제로 당신의 죄책감을 줄여준다는 사실을 알아차리세요. 지금 당신은 죄책감을 덜 느낍니다. 당신이 올바른 방향을 향하고 있다는 징후입니다. 죄책감에 대해 '네'라고 말하는 것은 그것을 없애도록 허락하는 것이고, '아니요'라고 하면 그 죄책감을 끌어모을 뿐입니다.

그러므로 이제 그것을 밀어내는 대신, 기꺼이 초대할 수 있겠습니까? 아직 남아 있는 죄책감에 당신이 '네'라고 하고, 그것이 그저 올라왔다 나갈 수 있도록 할 수 있나요?

그 죄책감에 대해 숫자가 영(제로)에 갈 때까지 죄책감에 대한 이 연습을 계속 반복하세요. 만약 당신이 독사에게 물렸다면, 그저 독의 일부분을 제거하는 게 아니라 독을 모두 제거하고 싶을 것입니다. 마찬가지입니다. 모든 죄책감을 내보내는 것은 당신이 자신을 더욱 사랑하는 길로 들어서는 것이고, 당신 삶의 모든 부분을 더욱 풍요롭게 해주는 길을 닦아줍니다.

저는 어머니의 입원과 죽음에 대해 붙잡고 있던 제 죄책감을 향해 '네'라고 말하기 시작했습니다. 저는 계속해서 그 죄책감에 '네'라고 몇 번이나 반복하며 말했습니다. 그 죄책감은 잠잠해졌고, 이제 저는 그 당시에 제가 최선을 다해서 행동했다는 걸 알게 되었습니다. 저는 모든 죄책감으로 어머니를 붙잡으려고 노력했다는 걸 알게 되었습니다. 저는 어머니에게 사랑과 인정을 보냈습니다. 그것은 저를 매우 자유롭게 만들었고 죄책감을 털어낼 수 있었습니다. 그리고 그것이 어머니를 자유롭게 했다고 확신합니다. 드디어 저는 어머니를 보낼 수 있습니다.

— FD, 콜로라도

슬픔

무언가에 대해 슬픈 감정으로 머물러서 상황을 바꾼 적이 있나요? 물론, 그렇지 않습니다. 당신이 슬픔의 감정을 고수할 때 어떤 느낌이 드나요? 기분이 엉망진창이라면 바로 기회입니다. 그러므로 만약 그것이 기분을 나쁘게 만들고 그 상황을 호전시키거나 바꾸지 못한다면 당신은 그 슬픔의 무게로부터 자신을 자유롭게 할 준비가 되었나요?

당신이 슬픔을 느껴왔던 무언가에 대해서 생각해보세요. 이제 1부터 10까지의 숫자 중에서, 가장 큰 슬픔을 10에,

가장 작은 슬픔을 1에 둡니다. 지금 당신의 슬픔은 이 숫자 중 어느 지점에 있나요?

만약 당신이 그동안 해왔던 행동과는 다른 무언가를 시도한다면 저는 그 슬픔을 없애기 위한 방법을 알려줄 수 있습니다. 무언가 다른 것을 할 용의가 있나요?

그 슬픔에 대해 '아니요'라고 말해왔다는 걸 알게 되었나요? 당신은 그 슬픔을 싫어합니다. 그렇죠? 당신은 그것에 '아니요'라고 말해왔습니다. 맞죠? 하지만 당신이 그것에게 '아니요'라고 말할 때, 사실 당신은 그것을 끌어모으고 있는 겁니다. 자, 이제 슬픔을 제거할 수 있도록 그것에 대해 '네'라고 말할 수 있나요? 그 슬픔에 '네'라고 말할 수 있나요? 조금 더? 그리고 조금 더? 그것에 다시 한 번 '네'라고 할 수 있나요? 한 번 더 '네'라고? 또 한 번 더 '네'? 또 그 슬픔에 조금 더 '네'라고 할 수 있나요?

이제 확인하세요. 1부터 10까지 숫자 중에서, 그 슬픔과 관련하여 당신은 지금 어느 지점에 있습니까? 그것에 대해 '네'라고 말하면 실제로 당신의 슬픔을 줄인다는 사실을 알아차리세요. 지금 당신의 슬픔은 더 낮아졌습니다. 그리고 그것은 당신이 올바른 방향으로 향하고 있다는 징후입니다. 슬픔에 대해 '네'라고 말하면 그것을 없애도록 허락하는 것이고, 반면에 '아니요'라고 하면 그 슬픔을 모을 뿐입니다.

그러므로 이제 그것을 밀어내는 대신, 기꺼이 초대할 수 있겠습니까? 남아 있는 슬픔에 당신이 '네'라고 말하고, 그것이 그저 왔다가 나가도록 할 수 있나요?

그 슬픔에 대해 숫자가 영(제로)이 될 때까지 슬픔에 관한 이 연습을 계속 반복합니다. 당신은 언제든지 이 연습을 할 수 있고, 슬픔으로부터 자유로운 삶을 살 수 있습니다.

어머니가 양로원에서 살고 있는 상황과 어머니 몸 상태, 그리고 마지막 단계의 알츠하이머, 이런 것들로 인해 저는 말할 수 없는 비통함을 느꼈고, 어머니의 상태와 치료에 대해 질망적이었습니다. 저는 슬픔, 연민, 죄책감 그 모든 걸 느끼고 있었습니다. 지금 저는 전에 지녔던 아픔과 극심한 고통 없이 진실로 어머니에 대한 사랑을 느낄 수 있습니다.

– PM, 캘리포니아

저는 지난 몇 년 동안 가지고 있던 깊은 슬픔을 완화시켰습니다. 저는 매일 아침 울었습니다. 지금은, 더 이상 그런 일은 없습니다. 이제 저는 그 비통함과 슬픔을 흘려보냈습니다. 저는 또한 거금 백만 달러 이상의 예상치 못한 방법으로 나타난 돈으로 경제적 이득을 얻게 되었습니다.

– MG, 캘리포니아

스트레스

대부분의 사람들은 그들의 부정성을 억누르려고 노력합니다. 당신이 부정성을 억누르려고 노력할 때, 실제로는 당신은 그것을 모아서 당신의 건강, 행복, 부와 인간관계를 방해하고 그 자리에 계속 머무르게 됩니다. 그리고 우리는 그것을 스트레스라고 부릅니다.

당신은 지금 즉시, 자신의 스트레스를 빠르고 쉽게 없앨 준비가 되었습니까?

그럼 이제, 당신이 스트레스를 느껴왔던 무언가에 대해 생각해보세요. 이제, 1부터 10까지의 숫자 중에서, 가장 큰 스트레스가 숫자 10에, 가장 작은 스트레스가 숫자 1이라 가정합니다. 지금 당신의 스트레스에 대한 숫자는 어느 지점에 있습니까?

만약 당신이 그동안 해왔던 행동 방식과는 다른 무언가를 시도하려 한다면 제가 그 스트레스를 없애기 위한 방법을 알려줄 수 있습니다. 당신은 무언가 다른 것을 할 용의가 있나요?

당신은 그동안, 그 스트레스성 감정에 대해 '아니요'라고 말해왔던 걸 알 수 있습니까? 당신은 그 스트레스를 싫어합니다. 그렇죠? 당신은 그것에 '아니요'라고 말해왔습니다. 맞죠? 하지만 당신이 그것에 대해 '아니요'라고 말할 때, 사실 당신은 그것을 끌어당기는 것입니다. 당신은 그 스트레스에 조금 더 '네'라고 할 수 있습니까? 조금 더? 그리고 조금 더? 그것에 다시 한 번 '네'라고 할 수 있습니까? 한 번 더 '네'라고? 또 한 번 더 '네'라고? 또 그 스트레스에 조금 더 '네'라고 할 수 있겠습니까?

이제 확인하세요. 1부터 10까지의 숫자 중에서, 그 스트레스와 관련하여 당신은 지금 어느 지점에 있습니까? 그것에 대해 '네'라고 말하는 것이 실제로 당신의 스트레스를 줄인다는 사실을 알아차리세요. 지금 당신의 스트레스는 더 낮아졌습니다. 그것은 당신이 올바른 방향으로 향하게 되었다는 징후입니다. 스트레스에 대해 '네'라고 말하면 그것이 없어지도록 허락하는 것이고, 반면에 '아니요'라고 하는 것은 그 스트레스를 모을 뿐입니다.

그러므로 이제 그것을 밀어내는 대신, 기꺼이 초대하겠습니까? 아직 남아 있는 스트레스에 당신이 '네'라고 하고, 그것이 그저 왔다 나가도록 할 수 있습니까?

그 스트레스의 숫자가 영(제로)에 갈 때까지 스트레스에 관한 이 연습을 반복해서 계속합니다. 만약 당신이 독사에게 물렸다면, 그저 독의 일부분을 제거하는 게 아니라 독을 전부 제거하고 싶을 것입니다. 마찬가지입니다. 당신이 억

눌렸던 부정성과 스트레스를 내보낼 때, 당신의 인생은 모든 면에서 나아질 것입니다.

> 저는 지난 석 달 동안 기분이 정말 나빴고 스트레스에 시달렸습니다. 저는 제 자신을 괴롭히는 걸 그만두었습니다. 지금 좀 더 편안하고, 고요하고, 덜 두렵고 더 가벼워졌다고 느낍니다. 저는 제 자신과 다른 이들을 사랑하게 되었습니다.
>
> — AS, 스페인

혼란

당신이 혼란에 빠져 있을 때 그 문제를 해결하는 것이 가능합니까? 물론, 그렇지 않습니다. 혼란은 답을 줄 수 없고 우리가 앞으로 나아가는 것을 막습니다. 상황이 명확하고 분명해지며 해답과 해결책을 갖기 위해서, 당신은 혼란 상태에서 나와야 합니다.

다행히 혼란을 흘려보내는 일은 간단하고 쉽습니다. 준비됐나요?

당신이 혼란을 느꼈던 무언가에 대해 생각해보세요.

이제 1부터 10까지의 숫자 중에서, 혼란스러운 마음이 가장 클 때는 10에, 가장 적을 때는 1에 둡니다. 지금 당신은 이 숫자에서 어느 지점에 있습니까? 만약 당신이 무언가 다른 방법을 시도하고자 한다면 제가 그 혼란에서 빠져나올 방법을 알려줄 수 있습니다. 당신은 무언가 다른 것을 할 용의가 있나요?

그럼 이제 당신이 그동안 그 혼란에 대해 '아니요'라고 말했었다는 걸 알게 되었습니까? 당신은 그 혼란을 싫어합니다. 그렇죠? 당신은 그것에 '아니요'라고 말해왔습니다. 맞죠? 하지만 당신이 그것에 대해 '아니요'라고 말할 때, 사실 당신은 그것을 끌어당기고 있었습니다.

자, 이제 당신은 혼란을 제거할 수 있도록 그것에 대해 '네'라고 말할 수 있습니까? 그 혼란에 '네'라고 말할 수 있습니까? 조금 더? 그리고 조금 더? 그것에 다시 한 번 '네'라고 할 수 있습니까? 한 번 더 '네'라고? 또 한 번 더 '네'?

또 그 혼란에 조금 더 '네'라고 할 수 있겠습니까? 이제 확인해보세요. 1부터 10까지의 숫자 중에서, 그 혼란과 관련하여 당신은 지금 어느 지점에 있습니까?

혼란에 대해 '네'라고 말하면 실제로 혼란이 줄어진다는 사실을 알아차리세요. 지금 당신의 혼란은 더 낮아졌습니다. 그리고 그것은 당신이 올바른 방향으로 향하고 있다는 징후입니다. 혼란에 대해 '네'라고 말하는 것은 그것을 없앨 수 있도록 허락하는 것이고, 반면에 '아니요'라고 하는 것은 그 혼란을 모을 뿐입니다.

그러므로 이제 그것을 밀어내는 대신, 기꺼이 초대할 수 있겠습니까? 아직 남아 있는 혼란에 당신이 '네'라고 하고, 그것이 그저 올라왔다 나가도록 할 수 있습니까?

그 혼란의 숫자가 영(제로)에 갈 때까지 혼란에 관한 이 연습을 반복해서 계속합니다. 당신이 그 모든 혼란을 내보낼 때 당신은 명료함, 정답들, 해결책과 남습니다. 그리고 당신은 긍정의 방향으로 한 발짝 나아갈 수 있습니다.

저는 계속 뱅글뱅글 돌며 점점 더 혼란스러워졌습니다. 이제, 저는 "네"라고 말하고 점점 더 명확해지고 매일 더 평화로운 마음이 되고 있습니다.

– ES, 테네시

두려움

무언가에 대한 두려움을 붙잡고 있으면 바로 당신이 두려워하는 그것을 창조합니다. 당신이 두려움을 꼭 붙잡고 있을 때, 당신은 마음속에(당신이 창조해낸) 두려워하는 그것을 담게 됩니다. 그런데도 왜 사람들은 두려움을 붙들고 있을까요? 대부분의 시간을 그들은 두려움으로부터 그들 자신을 보호하고 있다고 생각합니다. 하지만 두려워하는 당신 자신을 보호하려는 노력은 시멘트가 담긴 가방을 들고 수영장에 뛰어드는 것과 같습니다. 그것이 물에 뜨는 것을 도와줄 것이라고 기대하면서요.

두려움 없이 어떻게 살 수 있는지 발견해낼 준비가 되었나요?

당신이 두려워하는 무언가에 대해서 생각해보세요. 이제 1부터 10까지의 숫자 중에서, 두려움이 가장 큰 것을 10에, 두려움이 가장 적은 것을 1에 둡니다. 당신의 두려움은 이 숫자 중의 어느 지점에 있습니까? 만약 당신이 무언가 다른 것을 시도하려 한다면 저는 당신에게 그 두려움에서 나오는 방법을 알려줄 수 있습니다.

당신은 무언가 다른 것을 할 용의가 있나요?

그동안 당신은 두려움에 대해 '아니요'라고 말했었던 걸 알고 있습니까? 당신은 그 두려움을 싫어합니다. 그렇죠? 당신은 그것에 '아니요'라고 말했습니다. 맞죠? 하지만 그것을 향해 '아니요'라고 말할 때, 사실 당신은 그것을 끌어모으는 것입니다.

자, 이제 당신이 두려움을 제거할 수 있도록 그 두려움에 대해 '네'라고 말할 수 있습니까? 그 두려움에 '네'라고 말할 수 있습니까? 조금 더? 그리고 조금 더? 그것에 다시 한 번 '네'라고 할 수 있습니까? 한 번 더 '네'라고? 또 그 두려움에 조금 더 '네'라고 할 수 있겠습니까? 좀 더? 아직도 더?

이제 확인하세요. 1부터 10까지의 숫자 중에서, 그 두려움과 관련하여 당신은 지금 어디에 있습니까? 두려움에 대해 '네'라고 말할 때, 실제로 두려움이 얼마나 줄어드는지 알아차리세요.

지금 당신의 두려움을 나타내는 그 숫자에서 더 낮은 지점에 있고, 당신이 올바른 방향으로 향하게 되는 징후가 있습니다. 두려움에 대해 '네'라고 말하면 그것이 없어지도록 허락하는 것이고, 반면에 '아니요'라고 하는 것은 그 두려움을 모을 뿐입니다.

그러므로 이제 그것을 밀어내는 대신, 기꺼이 초대할 수 있겠습니까? 아직 남아 있는 두려움에 당신이 '네'라고 하고, 그것이 그저 올라왔다 나갈 수 있도록 할 수 있습니까? 어깨를 뒤로 젖히고 다가오는 두려움을 향해 바로 총을 쏘는 것을 허락할 수 있겠습니까? 당신에게는 그것이 더 이상 필요하지 않습니다. 그렇죠?

그 두려움의 숫자가 영(제로)에 갈 때까지 두려움에 관한 이 연습을 반복해서 계속합니다. 만약 당신이 독사에게 물렸다면, 그저 독의 일부분을 제거하는 게 아니라 독을 전부 제거하고 싶을 겁니다. 마찬가지입니다. 현명한 행동은 당신이 가진 어떤 두려움에 대해서도 이 연습을 반복해서 하는 것입니다.

두려움을 쥐고 있는 것은 스스로에게 문제를 만들어냅니다. 하지만 당신의 모든 두려움을 모아서, 그것을 전부 내보내면 당신은 행복, 조화 그리고 풍요 안에서 살 수 있습니다.

제 공황 발작은 사라졌습니다. 지금 오로지 평화만을 느낍니다. 이 멋진 방법에 감사하는 마음을 전합니다.

– TW. 위스콘신

저는 고속도로 위에서 심각한 공포를 느꼈습니다. 그것은 삶으로부터 저를 보호했는데, 저는 어느 곳으로도 갈 수 없었기 때문이죠. 저는 이 방법을 이용했고 그 공포를 내버렸습니다. 매우 간단했습니다. 얼마나 쉬웠는지 믿을 수가 없었습니다. 지금 저는 인생을 마법처럼 바라봅니다.

– L.B. 캘리포니아

화

화를 붙잡고 있는 것은 당신의 건강, 당신의 인간관계, 당신의 돈을 버는 능력 그리고 당신의 행복 전체에 매우 해롭습니다. 어느 것에 화가 남아있으면 마치 '독을 마시고 다른 사람이 죽기를 기다리는 것'과 같습니다. 당신은 또한 화를 '쑤셔 넣거나' 혹은 그것을 억누르려고 하면서 고통을 겪습니다.

하지만 당신이 느끼는 모든 화를 억누르거나 표출하지 않고 없앨 수 있는 방법이 있습니다. 그것을 경험할 준비가 되었습니까?

좋습니다. 당신을 화나게 하는 무언가에 대해 생각하세요.

이제 1부터 10까지의 숫자 중에서, 가장 화가 나는 것을

10에, 가장 적게 화가 나는 것을 1에 둡니다. 당신의 화는 이 숫자 중 어느 지점에 있습니까? 만약 당신이 무언가 다른 것을 시도하려 한다면 저는 당신이 그 화에서 나오기 위한 방법을 알려줄 수 있습니다. 무언가 다른 것을 할 용의가 있나요?

그동안 당신이 화에 대해 '아니요'라고 말했었다는 걸 알게 되었나요? 당신은 그 화를 싫어합니다. 그렇죠? 당신은 그것에 '아니요'라고 말했습니다. 맞죠? 하지만 당신이 그것에 대해 '아니요'라고 말할 때, 사실은 그것을 끌어당기는 것입니다.

자, 이제 화가 없어지도록 그 화에 대해 '네'라고 말할 수 있습니까? 그 화에 '네'라고 말할 수 있습니까? 조금 더? 그리고 조금 더? 그것에 다시 한 번 '네'라고 할 수 있습니까? 한 번 더 '네'라고? 또 그 화에 조금 더 '네'라고 할 수 있겠습니까? 좀 더? 아직도 더?

이제 확인하세요. 1부터 10까지의 숫자 중에서, 그 화와 관련하여 당신은 지금 어느 지점에 있습니까? 화에 대해 '네'라고 말하는 것이 실제로 당신의 화를 얼마나 줄여주는지 알아차리세요. 지금 당신의 화는 더 낮아졌습니다. 그리고 그것은 당신이 올바른 방향으로 향하게 되었다는 징후입니다. 화에 대해 '네'라고 말하는 것은 그것을 없애도록 허락하는 것이고, 반면에 '아니요'라고 하는 것은 그 화를 모을 뿐입니다.

그러므로 이제 그것을 밀어내는 대신, 기꺼이 초대할 수 있겠습니까? 아직 남아 있는 화에 당신이 '네'라고 하고, 그것이 그저 들어왔다 나갈 수 있도록 할 수 있습니까?

그 화의 정도가 영(제로)에 갈 때까지 화에 관한 이 연습을 반복해서 계속합니다. 만약 당신이 독사에게 물렸다면, 당신은 그저 독의 일부분만 제거하는 게 아니라 독을 전부 제거하고 싶을 것입니다. 마찬가지입니다. 그 모든 화를 흘려보낼 때 당신은 자신의 인생 모든 부문에서 사랑, 조화 그리고 풍요 속에서 살게 됩니다.

제 삶에서 그리고 사람들과의 관계에서 일어나는 일에서 좌절과 화를 통제할 수 있게 됐습니다. 저는 고통과, 피로와 배고픔을 조절하는 능력도 가지게 되었습니다.

— P.H.(14세), 텍사스

통증

저는 통증에 대한 반감 대신 그것을 사랑하기 시작하였고, 제 자신을 더욱더 많이 사랑하는 것을 배웠습니다. 그러자 통증은 사라졌습니다.

— A.W. 영국

많은 사람들이 통증에 저항하고 그것을 억누르거나 그것으로부터 벗어나기 위해 애씁니다. 하지만 저항, 억누름, 혹은 통증으로부터 탈출하기 위한 노력은 결코 그것을 줄여주거나 없애주지 못합니다. 왜 그럴까요? 이유는 간단합니다. 통증은 "부디 나를 고쳐줘"라고 말하는 몸으로부터 온 신호입니다. 마치 초인종이 울리는 것처럼 말입니다. 그러므로 거기에 응답하지 않는다면, 그 통증도 결코 사라지지 않습니다. 통증에서 벗어나는 방법은 그쪽으로 가는 것입니다. 초인종에 대답하고 당신의 몸이 그 통증 신호를 보낸 이유를 풀도록 허락해야 합니다.

이 연습을 해보세요. 제 말이 무슨 의미인지 알게 될 겁니다. 준비됐습니까?

그럼 당신이 느끼는 그 통증에 집중하고 느껴봅니다.

이제 1부터 10까지의 숫자 중에서, 통증이 가장 심한 것을 10에, 가장 적을 때를 1에 둡니다. 여러분의 통증은 어느 지점에 있습니까?

만약 당신이 무언가 다른 것을 시도한다면 저는 그 통증에서 벗어나는 방법을 알려줄 수 있습니다.

당신은 무언가 다른 것을 할 용의가 있나요?

그동안 당신이 통증에 대해 '아니요'라고 말했다는 걸 알게 되었죠? 당신은 그 통증을 싫어합니다, 그렇죠? 당신은 그것에 '아니요'라고 말해왔습니다. 맞죠? 하지만 당신이 그것에 대해 '아니요'라고 말할 때, 즉 당신이 '초인종 소리에 대답'하지 않을 때 사실 당신은 그 통증을 모으는 중입니다.

자, 이제 당신은 통증을 제거하도록 그 통증에 대해 '네'라고 말할 수 있습니까? 그 통증에 '네'라고 말할 수 있습니까? 조금 더? 그리고 조금 더? 그것에 다시 한 번 '네'라고 할 수 있습니까? 한 번 더 '네'라고? 또 그 화에 조금 더 '네'라고 할 수 있겠습니까? 좀 더? 아직도 더?

이제 확인하세요. 1부터 10까지의 숫자 중에서, 그 통증과 관련하여 당신은 지금 어느 지점에 있습니까? 그것에 대해 '네'라고 말하면 실제로 당신의 화가 얼마나 줄어드는지 한 번 보세요. 지금 당신의 통증은 더 나아졌습니다. 그리고 그것은 당신이 올바른 방향으로 향하게 되었다는 징후입니다. 통증에 대해 '네'라고 말하면 그것을 없애는 걸 허락하는 것이고, 반면에 '아니요'라고 하는 것은 그 통증을 모을 뿐입니다.

그러므로 이제 그것을 밀어내는 대신, 기꺼이 초대할 수 있겠습니까? 아직도 통증이 남아있다면 '네'라고 하고, 그것이 그저 올라왔다 나가도록 할 수 있나요?

그 통증이 숫자 영(제로)에 갈 때까지 통증에 관한 이 연습을 반복해서 계속합니다. 만약 당신이 독사에게 물렸다면, 당신은 그저 독의 일부분을 제거하는 게 아니라 독을 전부 제거하고 싶을 것입니다. 마찬가지입니다. '초인종에 응답'하면서, 그리고 통증을 흘려보내면서, 당신은 몸이 완벽한 조화와 건강으로 들어서는 걸 허용하세요.

저는 베트남 참전 용사로 장애인입니다. 지난 25년간, 저는 자신을 몰아세웠습니다. 저는 기분 좋았던 적이 없습니다. 이 방법을 시작한 지 이틀 만에 기분이 훨씬 나아지고 있습니다. 이것은 제 인생을 바꿨습니다.

— P.L. 캘리포니아

저는 발목을 다쳤습니다. 극심한 통증에 시달렸습니다. 저는 이 방법을 사용하기 시작했고 그 통증은 치료 없이 빨리 사라졌습니다. 통증 때문에 의사를 만날 필요가 없었습니다.

– PD, 뉴욕

저는 갑자기 통증이 심한 대장염을 앓았습니다. 이 방법을 이용하면서 그 통증을 없앨 수 있었습니다.

– GMS, 캘리포니아

자, 이제 또 다른 엄청난 가치가 있는 연습으로 넘어가겠습니다. 그것을 연습한다면 당신의 삶이 바뀔 것입니다.

부정에서 긍정으로 순발력 있게 옮겨가기

저는 인정과 자기 자신을 사랑하는 것이 모든 치유라는 걸 깨달았습니다.

– RD, 뉴저지

과거에, 당신이 해결할 수 없었던 상황, 대답할 수 없었던 질문, 혹은 해결책을 찾을 수 없었던 문제에 마주했을 때, 당신은 심지어 지금까지도 의식하지 못하는 방식을 따랐습니다.

그 방식은 당신을 더욱더 좌절하게 하고, 더욱 혼란스럽게 느끼도록 하며, 문제의 해결이나 정답으로부터 당신을 더욱 멀어지게 합니다. 당신은 해결하고자 애쓰고, 답을 얻으려고 노력하면서 몇 년째 뱅글뱅글 맴도는 문제와 마주하고 있습니다. 그리고 여전히 당신은 정답이나 해결책을 가지고 있지 않습니다. 이 책에서는, 당신 자신을 사랑하는 것이 당신이 가진 모든 의문에 대한 답이고, 어떤 문제도 해결하는 쪽으로 이끈다는 것을 보게 될 것입니다.

이제, 무언가 다른 결과를 얻기 위해서, 당신은 기꺼이 무언가 다른 것을 해야만 합니다. 만약 당신이 늘 해왔던 것만을 항상 한다면, 당신은 늘 가졌던 것만을 가질 것입니다. 그렇지 않나요?

다음을 연습하면서, 사람들이 흔히 직면하는 몇 가지 상황들을 포함해서, 당신이 타고 있던 회전목마에서 어떻게 내리는지 그리고 실제로 어떻게 정답을 얻고 해결책을 찾을 수 있는지 보여주려 합니다.

당신은 기꺼이 무언가 다른 것을 하려고 해야만 합니다. 당신이 인생에서 지금까지 해온 것들은 제대로 작동되지 않았습니다. 그렇죠? 당신이 그동안 보아왔던 결과들과는 다른 결과를 갖기 위해서 기꺼이 다른 것을 할 용의가 있습니까?

기억하세요. 이런 연습을 하면서 최상의 효과를 얻기 위해서는 '함께 즐기는 자세'가 필요합니다. 단지 이 부분을 읽는 것보다는, 주의를 기울이고 제가 당신에게 질문할 때 대답을 하세요. 이러한 것들이 경험으로 배우는 연습입니다. (머리로 배우는 것이 아닌) 연습을 해야만 합니다. 시작하겠습니다.

돈 , 재정

재정, 돈, 신용카드 빚에서 시작합시다. 여러분의 인생에서 해결할 수 없었던 돈 문제가 있습니까?

이 돈 문제로부터 어떻게 빠져나올지 당신의 마음에 물어보세요.

마음은 알지 못합니다. 그렇죠? 알지 못하는 무언가를 질문하는 것은 마치 계속 들여다보지만 그 안에 아무 것도 들어 있지 않은 빈 문서 보관함을 보는 것과 같습니다. 그 것이 얼마나 바보 같은 일인가요? 당신의 친구인 당신 마음은 정답을 얻지 못하고 있는 당신을 재촉하라고 말해왔을 것입니다. 그렇지 않나요? 자신을 재촉하고 다그치면 돈과 관련된 상황을 해결하는 데 도움이 되던가요? 전혀 도움이 되지 않았을 것입니다. 그렇죠?

자, 그럼 누가 그것을 하고, 누가 당신 자신을 다그치나요? 물론, 당신입니다.

맞아요, 만약 당신이 그렇게 하고, 그것이 그 상황을 해결하거나 당신에게 정답을 주지 못한다면, 당신은 결정을 내려야 합니다. 당신은 긍정적이 되고 자신을 사랑할 수 있습니다. 또한 당신은 계속 부정적인 상태에 머물며 자신을 다그칠 수 있습니다. 어떤 걸로 결정하시겠습니까?

저는 당신이 긍정적으로 되고 자신을 사랑하기로 결정을 내렸을 것이라고 추측합니다. 좋습니다. 현명합니다. 그럼, 당신 자신에 대한 불만을 흘려보낼 수 있나요? 자신에 대한 불만을 조금 더 흘려보낼 수 있나요?

자신에 대한 불만을 조금 더 많이, 더 많이, 더 많이 흘려보낼 수 있나요? 자, 이제 자신을 조금 더 인정할 수 있나요? 자신을 조금 더 인정할 수 있나요? 자신을 조금 더 인정할 수 있나요? 조금 더? 아직도 더?

이제 확인하세요. 연습을 하기 몇 분 전과 비교해서, 돈과 관련한 상황을 해결할 가능성이 더 있다고 느껴지나요? 아니면 덜 느껴지나요? 아마 더 가능하다고 느껴질 것입니다. 그렇죠?

네, 좋습니다. 그것은 당신이 올바른 방향으로 향하고 있다는 걸 보여줍니다. 우주의 법칙은 '긍정은 긍정을 끌어당기고, 부정은 부정을 끌어당긴다'입니다.

자, 계속 해보세요. 마음에 질문하는 걸 계속 흘려보내면 결과를 보게 될 것입니다. 불만을 흘려보내고 신을 계속 인정하세요. 하기만 한다면 효과가 있습니다. 당신 스스로 증명하세요.

저는 제 자신을 듬뿍 사랑하는 것을 배웠어요. 돈에 대한 제 고통과 두려움은 사라졌습니다.

— L.M. 캘리포니아

제 자신을 사랑하는 방법을 사용한 처음 3개월 동안 저는 이것을 받았습니다. 첫 번째 주에 8,000랜드의 빚이 없어졌습니다. 저는 켐튼 공원 안에 새 사무실을 얻었고 그 과정에서 임대 비용을 아낄 수 있었습니다. 저는 3,200랜드의 옷값과 8,500랜드의 카드 빚을 갚았습니다. 저는 제 사업에 도움을 줄 사람을 고용했고, 그로 인해 지금 매우 바쁩니다. 제 수입은 한 달에 대략 1,000랜드에서 7만 3,000랜드로 늘어났습니다. 저는 벤츠 승용차를 샀습니다. 통신사 주식 매각으로 3,500랜드를 갖게 됐습니다. 사실 다른 사람들은 다 손해를 볼 때 얻은 이익입니다. 이 자기 사랑법은 효과가 대단합니다. 저는 언제나 항상 행복합니다. 심지어 집에 있는 개가 짖는 것을 멈추었습니다. 그저 인정하는 것만으로 말입니다. 만약 이 방법이 여기 아프리카에 있는 저에게 적용되는 것이라면 어느 누구에게라도 적용될 것이라 확신할 수 있습니다. 고맙습니다.

— SM, 남아프리카공화국 템비사

자, 이제 당신의 돈 문제를 말하자면 그것은 신용카드 빚입니다. 아마 당신의 직장이나 수입과 같은 다른 여러 가지 것들도 가능합니다. 무엇이 됐든, 당신은 그것을 부정적인 상황으로 보고 있습니다. 그렇죠? 당신은 그것을 좋아하지 않습니다. 그것에 불만이 있습니다. 당신이 무엇을 하고 있는지 보이나요? 당신은 부정적인 상황에 놓여 있고, 그것에 대해 불만을 가질 때 그 상황에 더 부정성을 쏟아 붓고 있는 중입니다. 부정적인 상황을 더 부정적으로 만드는 것 말고 뭔가 다른 것을 해보는 것이 어떻습니까?

그럼, 이제 어떻게 그 부정성을 제거하고 당신의 재정 상태가 변할 수 있는지를 보여드리겠습니다. 하지만 당신이 그동안 해왔던 방식이 아닌 뭔가 다른 것을 행할, 반드시 하겠다는 의지가 있어야 합니다. 그것을 기꺼이 하겠습니까?

당신은 어떻게 신용카드 빚으로부터 빠져나올지에 대해 자신의 마음에 질문을 했을 겁니다. 그랬었죠? 하지만 그것은 알지 못합니다. 그렇죠?

그것이 모르는 무언가에 대해 질문하는 것은, 답을 찾기 위해 빈 문서 보관함을 들여다보고 거기가 비어 있다는 걸 계속 확인하는 것과 같습니다. 그리고 당신은 계속 들여다봅니다.

그것이 얼마나 바보 같은 행동이었는지 알겠나요? 지금 당신의 친구인 당신 마음은 그 카드 빚을 계속 비난했습니다. 그렇지 않나요?

카드 빚에 대한 비난을 갖고 있는 것이 도움이 되었나

요? 전혀 도움이 되지 않았을 것입니다. 그렇죠? 그리고, 누가 그렇게 하고 있습니까? 바로, 당신입니다!

　그렇습니다. 만약 당신이 그렇게 하고 있고 그것이 그 상황을 해결하거나 당신에게 정답을 주지 못한다면, 결정을 내려야 할 때입니다. 긍정적으로 되어서 당신이 감당해야 할 카드 빚을 사랑하세요. 혹은 계속 부정적인 상황에 있으면서 계속 그것을 비난하세요. 자, 어떤 결정을 하시겠습니까?

　당신은 긍정적이 되는 것과 신용카드 빚을 사랑하기로 결정했습니다. 그렇지 않나요? 미워하는 대신 사랑한다는 생각이 생소한 사람들에게는 신용카드 빚처럼 부정적인 것을 인정하기가 어렵습니다. 자신에게 질문하세요. 당신이 그동안 해왔던 것들이 효과가 있었던가요? 긍정적인 기운, 사랑, 인정을 바꿉니다. 그것은 부정성을 긍정성으로 바꿉니다. 그것이 바로 어떤 상황에서도 부정성과 비난을 흘려보내고 긍정하고 인정해야 하는 것이 현명한 생각인 이유입니다.

신용카드 빚 문제로 돌아가봅시다. 그 카드 빚에 대한 불만을 흘려보낼 수 있나요? 카드 빚에 대한 불만을 조금 더 흘려보낼 수 있나요? 조금 더 할 수 있나요? 조금 더? 좋습니다. 이제, 그 신용카드 빚을 조금 더 인정할 수 있습니까? 그것을 조금 더 많이 인정할 수 있습니까? 그것을 더 많이 인정할 수 있습니다. 더 많이.

이제 확인하세요. 몇 분 전에 비해 돈에 관련된 상황을 해결하는 것이 더 가능하다고 느껴집니까, 아니면 그 반대입니까? 더 많이 가능성이 느껴지나요? 그렇죠? 네, 좋습니다. 그것은 당신이 올바른 방향으로 향하고 있음을 나타냅니다. 우주의 법칙은 '긍정은 긍정을 끌어당기고, 부정은 부정을 끌어당긴다'입니다.

지난해, 저는 완전히 파산했습니다. 생활을 유지할 수도 없었습니다. 저는 이 방법을 사용했고 지금은 7만 5,000불을 벌었고, 매달 그 액수가 커지는 중입니다.

– LS, 캘리포니아

계속 그렇게 하세요. 마음에 물어보기를 계속 흘려보내면 그 효과를 보게 될 것입니다. 불만을 흘려보내고, 동시에 계속 인정합니다. 계속 하세요. 당신은 그것의 효과를 보게 될 것입니다.

당신이 직면하고 있는 돈 문제가 무엇이건, 당신의 직업에 어떤 문제가 있건, 당신의 수입이 어떤 문제를 갖고 있건, 당신은 그것을 즉시 개선시킬 수 있습니다, 당신이 이 연습을 한다면 말입니다.

> 제 자신을 사랑하는 법을 배울 당시 저는 무직이었지만, 지금 제 한 달 수입은 3만 불까지 늘어났습니다. 일 년 반 만에요! 제가 할 수 있다면 다른 모든 사람들도 할 수 있습니다.
>
> – JW, 미네소타

만약 당신이 그저 읽는 대신에, 이 책의 가르침대로 잘 실행해왔다면 당신이 조금 더 긍정적이 되었음을 알아차렸을 것입니다. 만약 당신이 이 책의 내용을 실제로 따라하지 않고, 또 연습도 하지 않고 그저 글자들을 읽기만 해왔다면,

계속 되풀이되는 말들에 질려서 저항감이 생겼을지도 모릅니다. 당신은 제가 아무 것도 하지 않고, 그저 같은 것을 수없이 반복하기만 한다고 생각할지도 모릅니다. 당신의 마음은 당신에게 조금 불안해졌다고 말할지도 모릅니다.

레스터 레븐슨이 말했습니다. "만약 제가 할 수 있는 게 있다면, 그것은 바로 똑같은 것을 계속 반복하고, 반복하고, 반복하고 수없이 계속 반복하는 것입니다." 레스터는 실제로 그렇게 했습니다. 왜냐하면 반복이 배우는 데 가장 좋은 방법이라는 것을 알았기 때문입니다. 만약 당신이 무언가 효과적인 것을 알았다면, 그것을 계속 반복하고 또 반복하고 반복하세요.

여기서 당신에게 소개한 방법들, 즉 마음에 질문하기를 멈추고 그것을 흘려보내는 것, 불만을 흘려보내고 인정하는 것은 우리가 실제로 그 효과를 발견한 방법들입니다. 당신이 만약 그것을 반복한다면 그것은 효과가 있을 것입니다. 그것이 반복을 강조하는 이유입니다.

이제, 인간관계에 관한 주제로 넘어갑니다.

인간관계

> 저는 다른 사람들과 더 편안하고 더 나은 관계를 맺을 수 있게 되었습니다. 그리고 사람들에게 더 많은 사랑을 느낍니다. 저는 더 가벼워지고 자유로워지고 매일의 일상에서 더 많은 기쁨을 느낍니다.
>
> – I.H, 미주리

인간관계가 어떻습니까? 당신의 인간관계는 좋은 편인가요? 여러 인간관계의 고통스러운 상황을 어떻게 해결해야 할지 알아내려고 애써본 적 있습니까? 당신이 해야 하는 것을 찾아내기 위해 머릿속으로 계속 같은 자리만 빙글빙글 맴돌았던 적이 있나요?

당신은 마음에 답을 물어왔을 것입니다. 마음은 답을 가지고 있지 않습니다. 그렇죠? 자, 지금 당장 확인해봅시다. 당신의 마음에게 인간관계 문제로부터 어떻게 벗어나야 하느지 물어보세요. 어서 해보세요.

그것은 알고 있지 않습니다. 그렇죠? 그것이 모르는 것에 질문하는 것은, 답을 찾기 위해 빈 문서 보관함을 들여다보고 거기가 비어 있다는 걸 확인하는 것과 같습니다. 그리고 당신은 또다시 계속 들여다봅니다. 그것이 얼마나 바보 같은지 알겠나요?

당신의 마음은 이 관계와 관련된 문제들을 해결할 수 없는 것에 대해 자신을 자학하라고 얘기했을 것입니다. 그렇지 않나요? 자학하는 것이 당신의 관계 상황을 해결하는데 도움이 되었나요? 전혀 도움이 되지 않았을 것입니다. 그렇죠? 그리고 누가 지금 그렇게 하고 있습니까? 그렇습니다! 바로 당신입니다.

맞습니다. 만약 당신이 그렇게 하고, 그것이 상황을 해결하거나 당신에게 정답을 주지 못한다면, 당신은 결정을 내려야 합니다. 긍정적이 되고 자신을 사랑할 것인지 아니면 계속해서 부정적이 되어 자신을 자학할 것인지 말입니다. 어떤 선택을 하겠습니까? 저는 당신이 긍정적으로 되고 자신을 사랑하게 되는 결정을 내렸을 것이라고 확신합니다. 좋습니다. 현명합니다.

그러면 자신에 대한 불만을 흘려보낼 수 있나요? 자신에 대한 불만을 조금 더 흘려보낼 수 있겠습니까? 자, 당신 자신에 대한 불만을 흘려보낼 수 있습니까? 그리고 조금 더 자신에 대한 불만을 흘려보낼 수 있습니까? 자신에 대한 불만을 조금 더 많이, 더욱더 내보낼 수 있겠습니까?

이제, 당신은 긍정적이 되어 자신을 사랑하기로 결정했기 때문에, 지금 자신을 조금 더 인정할 수 있습니까? 자신을 조금 더 인정할 수 있습니까? 당신을 조금 더 인정할 수 있습니까? 그리고 조금 더? 자신을 조금 더 인정할 수 있습니까? 조금 더? 그리고 조금 더요?

이제 확인하세요. 몇 분 전에 비해 인간관계의 상황을 해결하는 것이 더 가능성 있게 느껴나요? 아니면 덜 느껴지나요? 더 가능하게 느껴진다고요?

좋습니다. 그것은 당신이 올바른 방향으로 향하고 있음

을 보여주는 것입니다. 우주의 법칙은 '긍정은 긍정을 끌어당기고, 부정은 부정을 끌어당긴다'입니다. 그러니 계속하세요. '마음에 질문하기'를 계속 흘려보내세요. 곧 결과를 보게 될 것입니다. 불만을 흘려보내고 인정을 하는 것을 계속하세요.

> 이 기술을 이용하면서, 저는 제 아내와 새로운 신뢰 관계를 만들었습니다. 그리고 관계를 새로운 수준으로 끌어올리며 새롭게 이해했습니다. 우리가 행동하는 만큼 풍요로워졌습니다. 7만 5,000달러라는 뜻밖의 횡재를 거두었습니다.
>
> — JG, 애리조나

> 저는 제 자신과 다른 모든 이들에 대해 그 어느 때보다 더욱 사랑과 인정을 느끼게 되었습니다. 제 자신에 대해 스스로 불만을 가지는 순간, 저는 그것을 즉시 흘려보낼 수 있었습니다. 심지어 누구보다도 까다로운 성격의 어머니와 저녁 식사를 할 때도 저는 구름 위를 떠다니는 기분이 들었습니다.
>
> — KW, 캘리포니아

이제 또 다른 누군가와의 관계는 어떻습니까? 이 사람과의 관계를 어떻게 해결해야 하는지 당신의 마음에 질문하세요. 지금 하세요. 질문하세요. 그것은 알지 못합니다. 그렇죠? 마음이 모르는 무언가를 질문하는 것은 답을 찾기 위해 빈 문서 보관함을 들여다보고 거기가 비어 있음을 확인하는 것과 같습니다. 그리고 당신은 여전히 계속 들여다봅니다. 그것이 얼마나 바보 같은지 알겠나요?

지금 당신의 친구인 당신의 마음은 그 사람에 대한 불만과 반감을 말했을 것입니다. 그렇지 않나요? 그에 대한 불만이 당신의 관계를 해결하는 데 도움이 됐습니까? 전혀 그렇지 못했을 겁니다. 그렇죠? 누가 그렇게 하고 있나요? 누가 그들을 비난하나요? 바로 당신입니다!

그렇습니다. 만약 당신이 그렇게 하고, 그것이 상황을 해결하거나 해답을 주지 못한다면, 당신은 이제 결정을 내려야 할 때입니다. 당신은 긍정적으로 되어 다른 사람을 사랑할 수 있습니다. 혹은 당신은 부정적이 되어 계속 그들을 비난할 수도 있습니다. 어떤 결정을 내릴 건가요?

저는 당신이 긍정적이 되기로 하고 그들을 사랑하기로 결심했다고 확신합니다. 좋습니다. 매우 현명하군요.

그럼, 이제 그 사람에 대한 불만을 흘려보낼 수 있습니까? 그리고 그에 대한 불만을 조금 더 흘려보낼 수 있습니까? 그 사람에 대한 불만을 조금 더 보낼 수 있습니까? 조금 더, 더욱더?

이제, 당신은 그 사람을 조금 더 인정할 수 있나요? 그를 조금 더 많이 인정할 수 있습니까? 그리고 더 많이 인정할 수 있습니까? 조금 더? 더욱더?

이제 확인하세요. 몇 분 전에 비해 당신의 관계 상황을 해결할 가능성이 더 많아졌다고 느껴지나요? 아니면 더 적어졌다고 느껴지나요? 더 가능하게 느껴집니다. 그렇죠? 네, 좋습니다. 그것은 당신이 올바른 방향으로 향하고 있음을 나타냅니다. 우주의 법칙은 '긍정은 긍정을 끌어당기고, 부정은 부정을 끌어당긴다'입니다.

여섯 달 전쯤에 저는 '사랑 프로젝트'라고 부르는 것을 사람들에게

써보기 시작했습니다. 이제 저는 항상, 늘 그것을 사용합니다. 예를 들어, 우리는 가족과 함께 활동하려고 많은 시간을 함께합니다. 이런 모임 때 저는 각각의 사람들에게(그들 중 40명 정도에게) '저는 당신을 사랑합니다'라고 조용하게 말합니다. 몇 년에 걸쳐 제게 차가웠던 사위 중 한 명은 지금 아주 친근합니다! 또한, 지난 53년 동안 의도적으로 나를 괴롭혔던 사촌 중에 한 명은 지금 아주 친절하고 저에 대해 어떤 부정적인 말도 더 이상 하지 않습니다! 그는 심지어 제 옷에 대해 (들어본 적이 없는) 칭찬까지 합니다. 그중 최고는, 그들이 올랜도에 돌아가서 제게 이메일로 제가 추수감사절에 얼마나 멋졌는지 얘기했다는 것입니다! 절 믿으세요. 제 옷은 전에 입던 것과 하나도 다르지 않았습니다. 더하자면, 저는 항상 세상을 어둡고 부정적으로(그는 그것이 '현실적'이라고 하지만) 보는 동료 한 명에게 '저는 당신을 사랑합니다'를 조용히 말했습니다. 지금은 그가 저를 안아주려고 찾지만, 전에는 제가 그를 안아주려고 할 때, 자신이 가치 없다고 느꼈기 때문에 주저했었습니다.

— Ralph Miller, 텍사스

자, 그럼 계속 해보세요. 당신의 마음에 질문하는 걸 계속 흘려보내세요. 그러면 곧 결과를 보게 될 것입니다. 불만을 흘려보내는 것과 인정하기를 계속합니다. 당신이 아

는 모두와 멋지고 따스하고 사랑스러운 관계를 맺지 못할
그 어떤 이유도 결코 없습니다.

인간관계 연습

당신은 이 책의 앞부분에서 사랑체to be Loving가 되는 것에
대해 배웠습니다. 당신은 먼저 반감(불만, 못마땅함)이라고
불리는 비-사랑 감정을 흘려보냈습니다. 반감은 이것 혹은
저것을 좋아하지 않는 것이고, 이 사람 혹은 저 사람을 좋
아하지 않는 것입니다. 이 물건 혹은 저 물건을 좋아하지
않는 것, 이 상황 혹은 저 상황을 좋아하지 않는 것입니다.
그 무언가를 '좋아하지 않는' 것이라면 모두 반감입니다.
이것은 부정적인 것입니다.

　　당신이 누군가를 싫어하고, 무언가를 싫어하는 것은, 부
정성을 끌어모으는 것입니다. 당신은 비-사랑 감정을 쌓아
두고, 불행과 빈곤, 질병 그리고 문제 많은 인간관계로 들
어섭니다.

　　반감이라고 불리는 '좋아하지 않는' 감정들을 흘려보내

는 것은 반드시 필요한 일입니다. 당신은 불만을 흘려보내고, 인정하는 연습을 할 수 있습니다. 당신이 결정합니다. 이런 반감은 나를 도울 수 없다고 말입니다. 내가 그것을 합니다. 내가 그것을 하기 때문에 그리고 그것이 도움이 되지 않기 때문에 나는 결정을 내릴 필요가 있습니다. 긍정적이 되어 사랑체가 되냐 혹은 부정적으로 되고 비-사랑체가 되냐를 결정하는 것입니다. 저는 당신이 긍정적으로 되기로 결정했으리라 확신합니다. 당신은 부정성을 흘려보냄으로써 긍정성을 얻게 될 것입니다.

> 이 방법을 사용하면서, 저는 과거에, 항상 제 인생에서 모든 것이 '틀렸다'고 탓을 했던 어머니를 무조건적으로 사랑할 수 있게 되었습니다.
>
> – CP, 뉴욕

이제 연습입니다.

당신이 살면서 싫어하게 된 모든 사람과 물건에 대한 목록을 작성하세요. 그것들을 모두 적으세요.

이제, 목록에 있는 각각의 사람 또는 물건을 살펴보기 시작하세요. 목록의 각 사람 혹은 각 물건에 대해, 다음을 적용합니다. 당신의 마음에게 불만스러운 관계를 어떻게 회복할 수 있는지, 또 불만스러운 물건을 어떻게 고칠 수 있는지 질문해보세요. 마음에게 물어보세요.

마음은 알지 못합니다. 그렇죠? 알지 못하는 무언가를 질문하는 것은 마치 당신이 계속 들여다보지만 그 안에 아무 것도 없는 문서 보관함을 보는 것과 같습니다. 그것이 얼마나 바보 같은지 알겠습니까?

지금 당신의 친구인 마음은 이 관계 상황을 해결할 수 없고, 물건을 고치지 못하는 것에 대해 자책, 자학하라고 당신에게 말해왔을 것입니다. 그렇지 않나요? (마음은 또한 그 사람과 그 물건에 대한 불만을 얘기하고 있습니다. 그렇지 않나요?) 그 불만이 당신을 도울 수 있나요? 불만이 그렇지 못하다는 것을 당신은 압니다. 그리고 누가 그러고 있습니까? 당신입니다.

당신이 그렇게 하고 그것이 도움이 되지 않는다면, 당신은 결정을 내릴 필요가 있습니다. 나는 긍정적으로 되어 나 자신을 (그리고 그들을) 사랑할 것인지 혹은 나는 부정적으로 되어 나 자신을 (혹은 그들을) 비난할 것인지요?

어떤 결정을 내리시겠습니까? 저는 당신이 긍정적이 되기로 결심했다고 확신합니다. 부정성을 흘려보냄으로써 당신은 긍정적이 됩니다.

자, 당신 자신에 대한 불만을 흘려보낼 수 있나요? 조금 더? 조금 더?(더 이상 불만이 없을 때까지 불만을 흘려보내세요.)

이제 당신은 긍정적이 되고 자신을 사랑하기로 결정했기 때문에 자신을 조금 더 인정하겠습니까? 그리고 조금 더? 그리고 조금 더?

이제, 그 사람이나 그 물건 혹은 상황에 대한 불만을 흘려보낼 수 있습니까? 불만이 모두 사라질 때까지, 불만을 계속 흘려보내세요. 그리고 당신은 그 사람(혹은 물건, 혹은 상황)을 조금 인정할 수 있습니까? 그리고 조금 더? 그리고

더? 그리고 더?

가족들에게 사랑을 보내면서 그들과의 관계가 놀랍도록 향상되었습니다. 덤으로 제 건강이 좋아졌는데, 혈압도 정상이 되었습니다. 지금, 저는 새로운 친구들을 사귀는 것에 설렙니다.

— PS. 애리조나

이 연습을 당신의 목록에 있는, 당신이 싫어하는 각각의 사람과 물건에 적용하세요. 철저하게 과거와 현재의 사람, 물건, 혹은 상황에 대해 해보세요.

당신이 제대로 작업을 했는지 어떻게 알 수 있을까요? 당신은 그 사람, 그 물건, 그 상황에 대해 오로지 사랑과 믿음의 감정을 가지게 되었을 때 이 작업을 제대로 수행한 것입니다. 그런 후, 목록의 다음 항목으로 넘어가세요.

지금 마음은 이 연습에 대해 많은 말을 할 겁니다. "이건 너무 힘들어, 그 목록에 적힌 것이 너무 많아, 아마 평생 걸릴 거야." 이런 식으로 계속 불평할 겁니다. 그래서 더욱 해야 하는 것입니다. 해보고 최고의 긍정적인 결과를 얻으세요.

모든 싫어하는 것, 불만은 당신 안에 있는 부정적인 에너지입니다. 부정적 에너지는 긍정과 사랑의 에너지가 흐르는 것을 방해합니다. 부정적 에너지가 풍요, 행복, 성공 그리고 삶의 모든 좋은 것들을 막아버립니다.

저는 제 자신과 저의 가능성들, 고객들, 심지어 잔인하게 '거부당했던' 존재였을 때까지도 사랑하고 인정할 수 있습니다. 그 결과는 모든 것이 급속도로 쉬워졌다는 것입니다.

— CP. 뉴욕

이것을 연습하세요. 당신의 목록에 적힌 것을 다 하는데 얼마간의 시간이 걸릴지도 모릅니다. 하지만, 그 보상은 당신이 이것을 연습하는 만큼 기다리고 있습니다. 당신의 목록에 적힌 것을 하나씩 하나씩 완성할 때마다, 당신은 더 많이 사랑하게 되고 긍정적으로 되어갈 것입니다. 더 많은 사랑과 더 많은 이익이 당신에게로 흘러오게 됩니다. 그리고 이 연습이 당신의 전 생애 동안 당신이 해왔던 것들에 대해서 더 많이 깨닫게 할 것입니다. 더 중요한 것은, 당신이 매일 무엇을 하는지 스스로 알아차릴 수 있게 당신을 깨울 것입니다. 깨어 있으면 모든 것을 바라보게 되므로, 불만이나 싫어하는 마음이 일어나게 되면, 순식간에 불만을 흘려보내고, 사람과 물건에 대한 싫어하는 마음을 흘려보내게 될 것입니다. 그리고 나면 당신의 삶에는 오직 사랑만이 남고, 사랑하게 되고, 모든 긍정적인 것들이 당신에게로 흘러들어오게 될 것입니다.

최상의 건강

당신은 몸과 건강을 위해 무엇을 해야 할지 많이 찾아보았을 것입니다. 그렇지 않나요? 당신만 그런 것이 아닙니다. 지식을 찾는 것은 인간의 습관입니다. 당신은 몸에 더 좋은 것을 찾는 것을 좋아합니다. 매우 건강한 사람들조차도 그런 생각을 합니다. 어떻게 하면 더 건강해질 수 있을까? 나의 몸은 어떤 상태인가? 모든 것이 문제없나? 모든 것이 잘 작동하고 있는가?

건강하지 못한 사람들은 그것에 훨씬 더 많은 시간을 씁니다. 건강에 문제가 있는 사람들은 몸에 대해 생각하는 데 많은 시간을 쓰고, 또 어떻게 건강해질지에 대해 생각하느라 많은 시간을 보냅니다. 그들은 그것에 관해 무엇을 할 수 있을지 궁금해합니다.

살아가면서 사람들이 얻는 또 다른 습관은 반감Disapproving입니다. 싫어하는 것은 반감과 같은 의미입니다. 그래서 당신은 아프거나 통증을 겪습니다. 당신은 감기나 독감에 걸립니다. 당신은 진단을 내립니다. 아마도 당신은 매우 심각한, 삶을 위협하는 상태거나 질병을 가졌을지도 모릅니다. 당신이 가진 습관이자 모든 인간이 가지고 있는 습관은 자신의 몸, 몸의 문제, 그리고 건강 문제를 못마땅하게 여기는 것입니다. 당신은 그것을 좋아하지 않습니다. 그것을 못마땅해합니다. 당신이 배웠듯이, 반감은 부정적인 에너지입니다.

몸의 상태 혹은 통증처럼, 당신이 못마땅해하는 그것은 부정적인 에너지 주머니입니다. 그것을 알겠습니까? 당신은 지금 무엇을 하고 있나요? 당신이 그것을 좋아하지 않을 때, 그것에 불만을 가질 때, 그것에 더욱 부정적인 에너지를 쏟아붓고 있는 것입니다. 당신은 부정적인 에너지 위에 또다시 부정적인 에너지를 쏟아붓고 있는 것입니다. 이것이 어떻게 몸의 문제를 도울 수 있을까요? 어떻게 고통을 줄일 수 있을까요? 그렇게 하지 못합니다. 오히려 더할 뿐입니다. 그것은 상황을 더 나쁘게 만듭니다.

누군가 다음과 같이 질문할 수 있습니다. "그럼, 내가 뭘 해야만 하는 거죠? 그것을 사랑해야 하나요?" 제가 당신을 위해 대답하겠습니다. 물론, 당신이 볼 때 계속 불만을 터트리는 것이 도움이 된다고 생각한다면 그렇게 하세요. 하지만 저는 부정성이 결코 당신을 위해 어떤 것도 한 적이 없다는 것에 당신이 동의할 것이라고 생각합니다. 당신은 그것이 당신을 어느 곳으로도 데려가지 못한다는 걸 압니다. 거듭 말하지만, 제가 말하는 것을 믿지 마세요. 당신이 스스로 그것을 증명하세요. 당신이 그것을 사랑하고 인정하는 것에 정당한 노력을 기울인 이후에도, 효과가 없다면, 당신은 언제든지 다시 자신을 다그치는 예전의 방식으로 돌아갈 수 있습니다.

당신은 몸과 몸의 상태에 부정적인 에너지를 쏟아부어 왔음을 압니다. 저는 당신의 건강 문제를 어떻게 해결할지 보여줄 수 있지만 당신은 그동안 자신이 해왔던 것과 비교해 다른 무언가를 기꺼이 하려고 해야만 할 것입니다. 과거의 방식들이 이미 효과가 없다는 것에 당신은 동의했습니다. 다른 결과를 갖기 위해 무언가 다른 것을 행할 용의가 있습니까? 저는 당신이 '네'라고 할 것이라 믿습니다.

좋습니다. 당신의 마음에게 건강한 몸을 갖기 위한 방법에 대해 알고 있는지 물어보세요. 어서 질문해보세요. 그것은 알지 못합니다. 그렇죠? 마음이 모르는 무언가를 질문하는 것은 답을 찾기 위해 빈 문서 보관함을 들여다보고 거기가 비어 있다는 걸 확인하는 것과 같습니다. 그리고 당신은 계속 들여다봅니다. 그것이 얼마나 바보 같은지 알겠나요?

지금 당신의 친구인 당신의 마음은 이러한 건강과 관련된 상황을 해결할 수 없는 것에 대해 당신을 다그치는 말을 해왔을 것입니다. 그렇지 않나요? 자신을 다그치는 것이 당신의 건강 상황을 해결하는 데 도움이 되나요? 전혀 도움이 되지 않았을 것입니다. 그렇죠? 자, 그럼 누가 그렇게 하고 있나요? 누가 당신을 다그치고 있나요? 물론, 당신입니다!

맞습니다. 만약 당신이 그렇게 하고 그것이 그 상황을 해결하거나 당신에게 정답을 주지 못한다면, 이제 결정을 해야 합니다. 당신이 긍정적이 되어 자신을 사랑할 것인지, 아니면 계속 부정적이 되어 자신을 다그칠 것인지 말입니다. 어떤 걸로 결정하시겠습니까? 저는 당신이 긍정적이 되고 자신을 사랑하게 되는 결정을 내렸을 것이라고 생각합니다. 좋습니다. 현명합니다.

자, 자신에 대한 불만을 흘려보낼 수 있나요? 그리고 자신에 대한 불만을 조금 더 흘려보낼 수 있나요? 자신에 대한 불만을 조금 더 많이 흘려보낼 수 있나요? 그리고 조금 더? 조금 더? 이제, 자신을 인정할 수 있나요? 그리고 자신을 조금 더 인정할 수 있나요? 자신을 조금 더 많이 인정할 수 있나요? 조금 더? 조금 더?

이제 확인하세요. 몇 분 전에 비해, 몸이 더 건강해지는 것에 더 큰 가능성이 느껴지나요? 아니면 덜 느껴지나요? 더 가능하게 느껴집니다, 그렇죠?

저는 혈압이 높았습니다. 콜레스테롤 수치도 높았습니다. 저는 자주 불안을 느꼈었습니다. 항상 혈압 처방, 콜레스테롤 처방, 그리고 항불안제 처방제를 지니고 다녔습니다. 이 방법을 쓰면서, 모든 것이 바뀌었습니다. 어떤 종류의 처방도 더 이상 필요하지 않습니다. 깊고 평화로운 수면, 안정적이고 자신감 있는 태도, 제 아들, 아내 그리고 자신에 대한 참을성. 목, 어깨 등의 고통에서 벗어났고, 인간관계와 상황들에 편안하게 접근하고 있습니다.

- CM, 미시간

그것은 당신이 올바른 방향으로 향하고 있음을 알려줍니다. 우주의 법칙은 '긍정은 긍정을 끌어당기고, 부정은 부정을 끌어당긴다'입니다. 계속 해나가세요. '마음에 질문하기'를 계속 흘려보내면 곧 결과를 보게 될 것입니다. 불만을 흘려보내고, 인정하는 것을 계속합니다. 언제나 건강하고 튼튼한 몸을 갖지 못할 어떤 이유도 결코 없습니다.

진단

저는 기관지염과 축농증이라고 진단을 받았는데 그 증상이 크게 어떤 사람들은 진단을 받았습니다.

그 진단에 관해 무엇을 할 수 있는지 당신의 마음에 물어
보세요. 그렇게 해보세요. 마음은 알지 못합니다. 그렇죠?
그러므로 그것이 모르는 무언가를 질문하는 것은 답을 찾
기 위해 빈 문서 보관함을 들여다보고 거기가 비어 있다는
걸 확인하는 것과 같습니다. 그리고 당신은 계속 들여다봅
니다. 그것이 얼마나 바보 같은지 알겠나요? 지금 당신의 친
구인 당신의 마음은 그 진단에 대한 불만을 말해왔을 것입
니다. 그렇지 않았나요? 그것에 대한 불만이 그 진단을 해결
하는 데 도움이 되어왔나요? 전혀 도움이 되지 않았을 것입
니다. 그렇죠? 그럼 누가 그렇게 하고 있나요? 누가 그 진단
을 비난하나요? 그렇습니다. 바로 당신이 그렇게 합니다.

맞습니다. 만약 당신이 그렇게 하고 그것이 그 상황을 해
결하거나 당신에게 정답을 주지 못한다면, 당신은 결정을

내려야만 합니다. 당신이 긍정적이 되어 그 진단을 사랑할 것인지, 아니면 당신은 부정적이 되어 계속 그 진단을 비난할 것인지 말입니다. 어떤 결정을 내리시겠어요? 저는 당신이 긍정적이 되어 그 진단을 사랑하기로 결심했다고 생각합니다. 좋습니다. 매우 현명합니다.

그럼, 그 진단에 대한 불만을 흘려보낼 수 있나요? 그리고 그 진단에 대한 불만을 조금 더 흘려보낼 수 있나요? 그 진단에 대한 불만을 조금 더 흘려보낼 수 있나요? 조금 더? 더욱더?

당신은 그 진단을 조금 인정할 수 있습니까? 그 진단을 조금 더 많이 인정할 수 있습니까? 그리고 더 많이 인정할 수 있습니까? 조금 더? 더욱더?

이제 확인해보세요. 몇 분 전에 비해 당신이 진단받은 것을 해결할 가능성이 더 높아졌다고 느낍니까, 아니면 덜 느껴집니까? 더 가능하게 느껴집니다. 그렇죠? 네, 좋습니다. 그것은 당신이 올바른 방향으로 가고 있음을 알려줍니다. 우주의 법칙은 '긍정은 긍정을 끌어당기고, 부정은 부정을 끌어당긴다'입니다. 그러니 계속하세요. 당신의 '마음에 질문하기'를 계속 흘려보내면 곧 결과를 보게 될 것입니다. 불만을 흘려보내는 것과 인정하기를 계속합니다. 생기 넘치는 건강을 갖지 못할 이유가 결코 없습니다.

저는 제 주치 외과의와 다른 두 명의 의사들에게 석 달밖에 살 수 없다는 이야기를 들었습니다. 그들은 제 동맥경화증이 심하고 심장의 80퍼센트가 막힌 상태라고 말했습니다. 두 다리의 피부는 까맣고 파래졌으며, 어지럼증, 건망증, 고혈압에 시달려서 매일 다섯 개의 약을 복용했습니다. 저는 이 방법을 사용하기 시작했고, 즉시 건강이 더 나아졌습니다. 일 년 정도 그렇게 해왔고 모든 질병이 사라졌습니다. 그뿐만 아니라 제 인생에서 가장 큰 돈인 4만 불을 갑자기 받았습니다. 또한 제 딸도 자신의 화와 분노를 없애기 위해 이 방법을 사용했습니다.

－ JR, 텍사스

파킨슨병의 모든 증상들이 없어졌고, 체력과 신념이 강해졌으며, 그것들은 저를 다시 에너지로 넘치게 했습니다. 의사들은 이런 일이 일어난 것을 믿지 못했습니다.

－ ST, 오하이오

통증

저는 어깨를 다쳤지만 그 통증을 인정했고 이제 고통은 사라졌습니다. 저는 숲 속의 다리는 건넜고 그 다리가 ─ 나 자신과의 사랑 속에서 영원히 존재하는 것이 가능한 ─ 나를 대변하는 것을 알았습니다.

─ O., 뉴욕

이 방법은 통증을 해결하는 데 효과적입니다. 당신의 마음에 어떻게 통증을 제거하는지 물어보세요. 질문해보세요.

마음은 알지 못합니다. 그렇죠? 그것이 모르는 무언가에 대해 질문하는 것은 답을 찾기 위해 빈 문서 보관함을 들여다보고 거기가 비어 있다는 걸 확인하는 것과 같습니다. 그리고 당신은 계속 들여다봅니다. 그것이 얼마나 바보 같은지 알겠나요?

저는 편두통, 게실염, 통풍, 그리고 심각한 저혈당을 포함한 몇 가지 신체적 질병이 있었습니다. 이 방법을 시작할 때는 이미 일주일

후에 수술할 예정이었습니다. 그러나 며칠 이내에, 수술을 해야 할 상황들이 사라졌고 그 후로 다시 나타나지 않았습니다. 다른 신체적 문제들도 깨끗이 해결되었습니다. 이런 좋은 효과들은 이 방법을 사용함으로써 스트레스가 감소된 결과라고 믿습니다.

— 데이비드 호킨스 박사, 《의식혁명》의 저자, 뉴욕

지금 당신의 친구인 당신의 마음은 그 통증에 대한 불만을 말해왔을 것입니다. 그렇지 않나요? 그것에 대한 불만이 당신의 통증을 해결하는 데 도움이 됐습니까? 전혀 그렇지 못했을 겁니다. 그렇죠? 누가 그렇게 하고 있나요? 누가 그 통증을 비난하나요? 바로 당신입니다.

맞습니다. 만약 당신이 그렇게 하고 그것이 그 상황을 해결하거나 당신에게 해답을 주지 못한다면, 당신은 결정을 내려야만 합니다. 긍정적이 되어 그 통증을 사랑할 수 있습니다. 혹은 당신은 부정적이 되어 계속 그 통증에 불만을 느낄 수 있습니다. 어떤 결정을 내리시겠습니까? 저는 당신이 긍정적으로 되어 그 통증을 사랑하기로 결심했다고 생각합니다. 좋습니다. 매우 현명합니다.

그럼, 그 통증에 대한 불만을 흘려보낼 수 있나요? 그리고 그 통증에 대한 불만을 조금 더 흘려보낼 수 있나요? 그 통증에 대한 불만을 조금 더 보낼 수 있나요? 조금 더? 조금 더?

저는 거의 20년 동안 오른쪽 팔에 통증이 있었습니다. 그 통증에 대한 불만을 흘려보내고, 그것을 인정하자 통증이 완화되었습니다. 저는 잠을 더 잘 자게 되었습니다. 제가 더 행복해지고, 사람들과 가까워지고, 그들과 대화하는 것을 자신에게 허락하고 있는 것입니다.

– ES. 캘리포니아

이제, 당신은 그 통증을 약간 인정할 수 있습니까? 통증을 조금 더 많이 인정할 수 있습니까? 그리고 더 많이 인정할 수 있습니까? 조금 더? 더욱더?

이제 확인하세요. 몇 분 전에 비해 그 통증을 해결할 가능성이 더 느껴집니까, 아니면 가능성이 더 낮다고 느껴집니까? 가능성이 높아졌다고 느껴집니다, 그렇죠? 네, 좋습

니다. 그것은 당신이 올바른 방향으로 향하고 있음을 알려
줍니다. 우주의 법칙은 '긍정은 긍정을 끌어당기고, 부정은
부정을 끌어당긴다'입니다.

> 저는 통증을 빠르게 없앨 수 있습니다. 그것의 핵심은 통증에 대
> 한 불만을 흘려보내고, 그것을 인정해서, 통증이 떠나게 하는 것
> 입니다.
>
> – 데이비드 듀란트, M.D., 뉴욕

그럼 계속해보세요. 당신의 '마음에 질문하기'를 계속 흘
려보내면 곧 결과를 보게 될 것입니다. 불만을 흘려보내고,
인정하는 것을 계속합니다. 통증에서 자유로운 신체를 가
지는 것을 방해할 그 어떤 이유도 존재하지 않습니다.

만약 당신이 이 방법을 실행한다면, 그것은 효과가 있습
니다. 한번 해볼 만한 가치가 있지 않나요? 레스터는 부정
성과 비-사랑 감정을 흘려보내 그의 몸을 치료했습니다.
그리고 그 후로 40년이 지나도록 다시는 의사를 만나지 않
았습니다. 레스터는 몸소 방법을 보여주었습니다. 그것을
하느냐는 당신에게 달려 있습니다. 만약에 실행에 옮긴다

면 효과가 있습니다.

의사는 그것을 믿을 수 없었습니다

옛날 방식으로 팝콘을 만드는 동안, 저는 그 증기 때문에 손과 엄지에 화상을 입었습니다.

그 통증은 끔찍했습니다. 저는 두 아이와 함께 있었는데 집에는 약도 진통제도 없었습니다. 이 화상의 통증은 정말 굉장했습니다. 얼음찜질은 단지 손목이 쪼개지는 느낌을 조금 줄여줄 뿐이었습니다. 여섯 시간 동안 화상에 직접 얼음을 대고 있었고 이제 잠을 자야 했습니다.

저는 자리에 누웠지만 그 통증은 더 심해졌습니다. 잠들려고 몇 번 시도한 후에, 저는 옷을 입고 화상용 크림과 수면제 몇 가지를 사기 위해 24시간 문을 여는 약국으로 갔습니다. 통증약은 통증을 거의 가라앉히지 못했지만, 저는 어쩌면 잠들 수도 있겠다고 느꼈습니다. 침대로 갔지만 욱신거리는 통증은 커졌습니다. 그때 저는 마침내 기억해냈습니다. 저는 그 통증에 사랑과 인정을 10분간 보냈습니다. 그리고 잠들었습니다.

다음 날 아침 무언가 잘못되었다는 인지나 감각이 전혀 없이 깼습니다. 그러고 나서 기억했습니다. 와, 여섯 시간 전에 이 모든 극심한 통증에 무슨 일이 생겼던 거지? 아무 일도 없었습니다. 조금도요. 여러분이 예상했을 그런 붓기나 큰 물집도 없었습니다. 왜! 저는 그날 통증 없는 하루를 보냈습니다. 그날 밤 통증 없이 잠들었습니다. 다음 날 깨어났을 때, 통증은 없었습니다.

정오 즈음에, 물집이 형성되기 시작했습니다. 아프지는 않았습니다. 하지만 점점 커지고 있었습니다. 저는 그것을 매우 멋진 일인 것처럼 바라보았습니다. 그리고 그것을 인정하고 지켜보았습니다. 여전히 통증은 없고, 다음 오후가 될 때까지, 그 물집은 최대한으로 커졌고, 저는 병원에 가야만 한다는 모두가 등을 떠미는 통에 무너지고 말았습니다. (사실은 남편의 입을 막기 위해서 갔습니다.)

무슨 일이 있었고 어떻게 지냈는지 사건의 전말을 의사에게 얘기했을 때 그녀는 계속해서 물었습니다.
"언제 그 물집이 나타났나요? 무언가 다른 치료를 한 건 아닌가요? 아프지 않았다구요? 전혀? 상처에 아무 짓도 하지 않았다는 게 정말인가요?" 그녀는 내가 사랑과 인정을 주었기 때문에 생겨난 모든 일을 믿을 수 없었습니다. 저는 그 모든 일이 그것을 사랑한 덕분에 일어났다고 믿습니다.

모든 좋은 것들을 얻기

레스터의 말대로, 당신은 힘차게 상승하는 중입니다.

당신 자신을 긍정으로 변화시키는 빠르고 쉽고 매우 즐거운 방법은 불만을 흘려보내고 인정하는 것입니다. 자신에 대한 불만을 흘려보내고 자신을 인정하는 것입니다. 만약 당신이 그렇다고 조금, 어쩌면 더 많이 느끼고 있는 중이라면, 자신에 대한 불만을 흘려보내고 자신을 인정하는 것보다 변화를 가져오는 더 나은 방법은 없습니다.

하루 동안 자신에 대한 불만을 흘려보내고 자신을 인정하세요. 그것이 당신의 인생을 바꿀 것입니다.

우주에 있는 모든 행복은 당신의 내면에 있습니다. 그러니 불행을 놓아주면서 더 많은 행복을 취하세요.

자신을 인정하는 연습을 하는 동안, 그만두고 싶은 기분이 든다면, 그것은 무의식 속에 약간의 반감이 있다는 걸 말하는 신호일 뿐입니다. 그리고 무의식적인 반감 속에서 자신을 인정하려는 노력은 마치 비상브레이크를 밟고 차를 운전하는 것과 마찬가지입니다. (비상브레이크가 밟힌 채라는 사실을 오직 당신만 모르고 있습니다.) 그래서 그것을 조정하기란 어렵지 않습니다. 우선 그 반감을 흘려보내고, 그리고 인정하는 작업을 하면 되는 것입니다.

당신의 마음은 수많은 반감을 불러일으킬 텐데, 그것은 최고의 혜택입니다. 그런 반감은 당신의 무의식적인 마음 속에 숨어 지내왔기 때문에 당신은 그것이 거기 있는 것을 몰랐습니다. 이제 그것은 당신의 의식 안에 나타났고, 그래서 당신은 그것을 흘려보낼 수 있습니다. 그 부정적인 작은 조각에 의해서 결코 다시 방해받지 않게 됩니다.

그러므로 이제 과제는 가능한 오래 그리고 자주, 자신을 인정하는 것입니다. 그것이 5초 동안 혹은 다섯 시간 혹은 그 사이 어느 만큼이건, 긍정의 방향으로 가는 것이라 아주 좋습니다. 긍정은 긍정을 끌어당깁니다. 그러므로 당신이 긍정적일 때, 더 많은 긍정성이 당신의 삶으로 다가 올 것입니다. 당신 자신, 당신의 가족, 그리고 세상을 위해 더 나은 행동은 없습니다. 그것이 최고, 최선의 방법입니다.

당신 스스로 그것을 증명하세요.

건강과 번영으로 가는 가장 빠르고 확실한 길은 사랑입니다.

— 레스터 레븐슨

"건강과 번영으로 가는 가장 빠르고 확실한 길은 사랑입니다."

15

사랑에 관한
통찰

어느 날, 릴리징 테크닉을 배우기 전에, 손가락이 유모차에 낀 적이 있었습니다. 저는 매우 화가 났고 겁도 났습니다. 응급차가 왔고 손가락을 감싸주었습니다. 하지만, 그 일이 다시 일어날 것만 같아 계속 화가 나고 겁이 났습니다. 손가락이 낫기까지 오래 걸렸습니다. (엄마 얘기로는 2주 정도 걸렸다고 합니다.) 그리고 나서, 저는 릴리징 테크닉을 시작했고, 제 가족들이 모두 릴리징 테크닉을 하던 때, 손가락이 자동차 문에 끼었습니다. 엄마는 저를 안고 제게 손가락을 사랑할 수 있는지 물었습니다. 저는 화를 내고 겁먹는 대신에 손가락을 사랑하기 시작했습니다. 제 남동생도 화를 내는 대신 가만히 있었습니다. 왜냐하면 그도 제 손가락을 사랑하고 있는 중이었고 일어난 일을 사랑하고 있는 중이었기 때문입니다. 저는 앉아서 계속해서 손가락을 사랑하고 있었습니다. 점점 더 많이. 그 날 약간의 시간이 지났을 뿐인데 제 손가락은 아주 좋아졌습니다.

— 비비안(5세, 비비안이 엄마에게 말한 내용을 옮김)

사 랑 을 발 견 하 는 법

나는 모든 잘못된 곳에서 사랑을 찾고 있었습니다.

I was looking for love in all the wrong places

너무 많은 얼굴들 속에서 사랑을 찾았습니다.

Looking for love in too many faces

당신의 눈에서 찾으며, 내가 꿈꾸던 것들의…… 자취를 쫓으며…….

Searching your eyes, looking for traces Of WHAT… I'm dreaming of…

친구와 연인을 찾길 바랐죠.

Hopin' to find a friend and a lover

제가 찾은 그 날을 신이 축복해주길

God bless the day I discover

사랑을 찾아 헤맨 또 다른 심장을 찾은 그 날을

Another heart, lookin' for love

당신은 아마도 웨일런 제닝스Waylon Jennings가 부른 이 노래의 가사를 기억할 것입니다.

이 노래는 세상의 수많은 사람들이, 수많은 얼굴들 속에서 사랑을 찾는 데 그들의 삶 전체를 쓰는 것을 보여줍니다.

그들은 정확히 그것이 없는, 외부에서 사랑을 찾고 있는 중입니다. 아마도 자신을 애지중지해주던 어른들이 요람 곁에서 머물던 때, 그때 처음으로 사랑은 외부에 있다고 믿기 시작했을 것입니다. 아마도 그 때가 그들이 사랑을 외부로부터 찾고, 사랑을 얻고, 사랑을 받아야 한다고 결정한 때일 것입니다. 당신은 그것을 누군가로부터 얻어야만 했습니다. 그들이 당신에게 그것을 주어야만 했습니다. 만약 당신이 누군가의 사랑을 얻지 못했다면, 당신은 고통 속에서 끊임없는 사랑을 갈구하며 살게 될 것입니다. 당신은 모든 잘못된 장소에서 사랑을 찾고 있습니다.

레스터 레븐슨은 발견했습니다. 그는 자신이 사랑을 찾고 있을 때, 다른 이로부터 사랑을 원했을 때, 자신이 아팠고 비참하고 괴로웠다는 것을 알아냈습니다. 사랑 받기를 원했을 때 그는 부정성 속에 살고 있던 것입니다.

레스터는 인생에서 그가 사랑하고 있었던 동안, 그가 긍정적이고, 행복하고, 건강하고 부유했었다는 걸 발견했습니다.

레스터는 그가 사랑받기를 원했을 때, 그가 누군가로부터 무언가를 원했던 것을 알았습니다. 그는 그들이 자신을 사랑해주길 바랐고, 그때 기분이 좋아질 수 있었습니다. 레스터는 그것이 사랑의 반대라는 것을 깨달았습니다. 그는 누군가가 우리를 사랑해주기를 바라는 것이 비-사랑이라는 것을 깨달았습니다.

그는 사랑이란, 주는 태도라는 것을 알았습니다. 어떤 것도 되돌려 받고자 하는 생각 없이 주는 태도입니다. 사랑은 다른 사람이 그들이 원하는 것을 갖기를 소원하는 것입니다. 당신이 그들에게 그것을 줄 수 없는 상황에서도 변하지 않습니다.

레스터는 이 발견 이후, 그의 모든 비-사랑 감정을 없애기 시작했습니다. 그 후 남게 되는 것은 늘 그렇게 존재하고 있었던, 사랑 그 자체, 무한의 존재임을 알았습니다. 그는 몸을 치유했습니다. 그는 삶 전체를 치유했습니다. 레스터는 우리에게 그 방법을 보여줬습니다. 사랑을 발견하기 위해, 내면을 보세요. 그것은 거기 있습니다. 사랑은 바로 당신의 내면에 비-사랑 감정으로 싸인 채 있습니다.

우리는 단지 우리 자신을 충분히 사랑하지 않고 있습니다. 저는 자신에 대한 불만을 흘려보내고 매일 나 자신을 인정하고 있습니다. 이 정보는 정말 엄청난 가치가 있습니다. 저는 마침내 눈이 열렸고 다른 이들로부터는 인정을 얻을 수 없다는 것을 알았습니다. 그들 자신이 그것을 갖고 있지 않기 때문입니다. 오직 한 가지 정답은 저 자신을 인정하는 것과 저 자신을 사랑하는 것입니다. 그리고 그것은 '내 안'에 있습니다.

– 카르멘, 하와이

당신은 주위의 모든 사람들의 눈 속에서 사랑을 찾고 있습니다. 그러다 어느 날 당신은 완벽한 누군가를 발견합니다. 그리고 그들과 '사랑에 빠집니다.' 그 사람은 그저 당신과 똑같습니다. 그는 당신에게 사랑을 원하고 당신은 그에게 사랑을 원합니다. 이것이 우리가 '인간관계'라고 부르는 것입니다. 당신은 곧 이 사람이 당신에게 주기 위한 사랑을 갖고 있지 않다는 걸 발견하게 됩니다. 그는 당신이 그에게 사랑을 주기를 원합니다. 두 사람 모두 서로에게 사랑을 원하지만 두 사람 모두 상대에게 줄 사랑은 없습니다.

이혼율이 아주 높다는 것이, 가족 문제가 아주 심각하다는 것이, 많은 사람들이 분노하고 좌절하며 살아간다는 것이 그리 놀랍지 않습니다. 우리가 모든 잘못된 장소에서 사랑을 찾고 있기 때문입니다.

당신이 우주 안의 그 모든 사랑을 찾기 위해 어디로든 가야만 하는 것은 아닙니다. 그것은 지금 바로 당신의 내부에, 언제나 있어왔던 그 자리에 있습니다. 비-사랑 감정을 흘려보내고 찾으세요. 당신은 언제나 그래왔고, 또 앞으로도 항상 그럴 것인데, 자신의 본성인 모든 사랑체로 가는 문을 열고 있는 것입니다.

그런데 그렇게 하는 것은 그렇게 쉽지는 않습니다. 오랫동안 당신은 사랑이 존재하지 않는 곳에서 사랑을 쫓아다닌 습관을 가져왔기 때문입니다. 깨달으세요. 해야 할 것은 없습니다. 가야 할 어떤 곳도 없습니다. 우주 안의 모든 사랑은 바로 여기 당신이 있는 곳에 있습니다. 당신이 바로 지금 있는 그곳 말입니다.

저는 이제 제가 원했던 모든 사랑을 가지고 있다는 걸 알았습니다. 저는 지금 '어디선가 사랑을 찾아야 하는 것'을 다시 할 필요가 전혀 없다는 걸 경험적으로 깨달았습니다. 오, 그것이 가져다주는 기쁨과 자유로운 기분이란. 정말 말로 설명할 수 없을 정도로 최고입니다.

— PM, 캘리포니아

저는 사랑과 인정을 주는 것을 연습해왔습니다. 저는 일에 대한 견적서를 제출하기 위해 한 '여성의 집(육체적 정신적 상처를 입은 여성들을 보호, 치유, 재활, 교육하는 기관)'에 갔습니다. 견적서를 주면서 저는 계속 그 여성과 제 자신에게 많은 사랑을 느꼈습니다. 우리는 일을 마쳤고 그녀는 다른 사람의 견적도 한번 받아봐야 될지도 모르겠다는 이야기를 했습니다. 다음 날 아침, 그녀는 제게 전화를 걸었습니다. "우리는 당신과 함께 일하기로 결정했어요. 당신에게는 무언가가 있어요. 당신에게 아주 좋은 인상을 받았습니다."

같은 날, 다섯 명의 사람들이 견적서을 요청했습니다. 저는 그 주에 일정을 3개 잡았고 모두 성사되었습니다. 그 세 사람 각자 이런 식으로 말했습니다. "저는 당신에게서 자신감을 느낍니다. 당신과 함께하는 것이 좋겠다는 기분이 듭니다." 저는 여러분에게 이것은 마법이라고 말씀드리고 싶습니다.

– KW, 캘리포니아

사랑이 넘치는 멋진 하루를 보내기

> 저는 샌프란시스코에 있는 사무실로 통근하기 위해 가끔 베이 브리지(Bay Bridge)의 느러터진 교통 속에서 왕복으로 70마일(약 112킬로미터) 정도를 운전합니다. 저는 그것을 인정하고 차를 타는 시간을 사랑하기로 결정했습니다. 사실 매일 샌프란시스코로 가는 길에 노래를 부르려고 '통근 길의 사랑 노래'라는 곡을 썼습니다. 저는 이제 아주 활기차고 평화로운 여행을 하며, 누가 길 위에 있건 '외부에서' 어떤 일이 벌어지건 행복한 통근을 합니다.
>
> — 데버러, 캘리포니아

당신의 삶, 당신의 행복과 당신의 사랑을 당신이 결정합니다. 당신이 정합니다. 당신의 마음에 항상 갖고 있는 것을, 당신은 얻게 됩니다.

당신이 행하는 모든 것을 의도를 갖고 하세요. 의도는 하나의 작은 목표입니다. 의도가 없다면, 인생이란 대양의 파도 속에 내던져진 것입니다. 당신은 바위에 부딪치고 어디로든 휩쓸려갈 수 있습니다. 당신이 하는 모든 것에 의도를 가지면 당신이 가는 곳, 당신이 도착하게 될 곳을 미리 결정하는 것입니다. 의도를 갖고 돛을 다세요. 그리고 의도한 곳으로 항해하세요.

당신이 하는 모든 것에 의도를 가지세요. 의도를 갖고 하루를 시작하세요. 하루 동안 당신이 항로에 잘 머물고 있는지 확인하며 주의를 기울이세요.

어떤 일이 일어나도 사랑체가 되기로 의도하세요. 인생이 사랑에 의해 돌아가도록 하겠다고 결정하세요. 하루를 우주에서 가장 강력한 힘인 사랑으로 채우세요. 당신이 사랑할 때, 당신은 사랑을 경험합니다. 사랑하는 것과 사랑체가 되는 것이 바로 긍정적인 상태, 행복한 상태, 성공한 상태 그리고 풍요로운 상태와 똑같은 에너지 속에서 살아가는 것임을 기억하세요.

사랑하기 위한 의도는 가장 높은 에너지인 사랑의 에너지 안에서 살겠다는 결정입니다. 나는 결심합니다. 나는 하루 종일 누가 뭘 하든, 뭐라 하든 상관없이, 늘 사랑하겠습니다. 뉴스가 무엇을 전하건, 애인이 하는 말이 무엇이건, 자녀들이 말하는 것이 무엇이건, 상사가 말하는 것이 무엇이건, 은행 계좌가 어떻건, 몸이 아프거나 힘들건 관계없이 나는 사랑하는 중입니다.

삶에 무슨 일이 벌어지건 사랑하기 위한 의도를 가지세요. 그것이 마음속에 사랑을 품는 것입니다. 당신이 마음속에 가지고 있는 것을 당신은 언제나 경험합니다. 사랑하기 위한 의도와 마음속에 사랑을 가지고 있는 것은 당신에게 긍정의 에너지를 보장합니다. 그것은 당신의 성공을 보장합니다. 그것은 당신의 풍요를 보장합니다. 그것은 생기 넘치는 건강을 보장합니다. 그것은 평안한 스트레스 없는 삶을 보장합니다. 당신이 마음속에 지니고 있기 때문에 보장되는 것입니다.

저는 몇 년 전에 비해 더 잘 잡니다. 관절염 약을 복용하는 것을 멈추었는데, 관절약 없이 훨씬 더 기분이 좋다는 걸 느낍니다. 삶의 모든 것이 좋아지고 있습니다.

– BL. 오하이오

이것을 연습하세요. 스스로 그것을 증명하세요.

의도를 가지세요. 사랑이 되세요. 그리고 어떤 일이 벌어지는지 지켜보세요.

세상은 당신의 것입니다. 그리고 모든 것이 다 그 안에 존재합니다.

사랑하겠다는 의도를 가지세요. 그러면 발견할 것입니다.

당신은 모든 부를 소유합니다.

방법은 간단합니다.

레스터 레븐슨은 우리가 행복하지 않은 이유에 대해 말했습니다. 그는 우리에게 그것에 관해 무슨 일을 해야 하는지 알려주었습니다. 그는 말합니다. "방법은 간단합니다. 사랑하는 여러분." 하지만 당신의 마음은 간단한 것을 원하지 않습니다. 당신의 마음은 그것을 복잡하게 하길 원합니다.

마음은 당신이 행복하지 않은 이유는 복잡한 것이라 말합니다. 레스터가 말합니다. "복잡하게 보이는 것이 무엇이든지 사실 그것 자체는 복잡하지 않습니다. 여러분의 마음이 복잡한 것일 뿐입니다."

사람이 행복하지 않은 이유는 매우 간단합니다. 비-사랑 감정 때문에 불행한 겁니다. 비-사랑 감정은 당신을 불행하게 만들고 그 불행을 지속시킵니다. 그 해결책은 단순합니다. 비-사랑 감정을 흘려보내세요. 사랑을 가지세요. 행복을 가지세요. 당신을 불행하게 만드는 비-사랑 감정들과 불만스러운 감정들을 흘려보내면서 사랑과 행복을 가지세요.

당신의 마음은 삶이 좀 더 복잡해지기를 원합니다. 당신은 왜 행복하지 않은지 답을 가지고 있지만, 계속 행복을 찾고 있는 마음 때문에 동요합니다. 마음은 저기에 뭔가 다른 것이 있을 거라고 말합니다. "저기에 분명 내가 놓치고 있는 무언가가 있을 거야. 나는 그 새 책을 읽어야만 해. 나는 전에 들었던 새로운 단체에 대해 알아봐야 해." 당신은 결코 마음을 만족시킬 수 없습니다. 그것이 당신이 던졌던 모든 질문에 대한 답을 가지고 있는데도, 당신의 마음이 계속 딴소리를 하는 이유입니다. 당신은 그 정답을 봐왔습니다. 하지만 당신의 마음은 뭔가 다른 것에 대해 생각하기를 원합니다.

러셀 콘웰Russell Conwell이 쓴《나의 다이아몬드는 어디에 Acres of Diamonds》라는 소설에서 농부인 하피즈는 부를 열망하지만 그의 척박한 논에서 아무 것도 찾을 수가 없습니다. 그는 농장을 팔고 행운을 쫓아 전 세계로 여행을 떠납니다. 그는 아무 것도 찾지 못하고 절망과 비통함에 빠졌습니다. 그 동안에 하피즈의 예전 농장을 샀던 남자는 가장 부유한 다이아몬드 광산을 바로 그 땅에서 발굴했습니다. 하피즈는 다른 어딘가에 있다고 생각하며 꿈속에서 쫓던 최고의 멋지고 부유한 땅 위에 앉아 있던 것이었습니다.

당신은 바로 지금 당신의 부富 위에 앉아 있습니다. 당신은 하피즈처럼 사랑이 없는 곳에서 사랑을 찾고 있는 것입니다. 당신은 우주의 모든 사랑을 지금 당신이 있는 그 자리에 가지고 있습니다. 당신은 어디로 가야 할 필요가 없습니다. 당신이 해야 할 모든 것은 비-사랑 감정을 흘려보내서 당신의 부를 발견하는 것입니다.

거기 존재하는 것이, 해야 할 모든 것입니다.

저는 모든 것을 항상 사랑할 수 있고, 그 어떤 것이든 항상 사랑할 수 있다는 것을 압니다. 저는 제 마음을 사랑할 수 있습니다. 저는 제 느낌을 사랑할 수 있습니다. 저는 제 몸을 사랑할 수 있습니다. 그것보다 더 강한 것이 있을까요?

— ES, 뉴욕

행복은 사랑이다

당신이 좋아하지 않는 누군가를 떠올려보세요. 아마 당신을 괴롭히는 누군가일 것입니다. 그들을 사랑할 수 있나요?

어느 누구도 당신에게 그들이 무슨 말을 하건, 무슨 일을 하건, 무조건 사랑해야 한다고 말하지 않습니다. 하지만 당신은 그들 그대로를, 무한한, 영원한 존재로 사랑할 수 있습니다.

"왜 내가 그들을 사랑해야 하지?" 이렇게 질문하고 싶나요?

모두를 그리고 모든 것을 사랑하는 것이 현명하다는 말을 하는 것으로 시작합시다. 그것이 현명한 이유는 사랑체가 되는 건 긍정적으로 되는 것이고, 긍정적으로 되는 것은 풍요로워지는 것이고 풍요로워지는 것은 행복해지는 것이기 때문입니다.

"좋습니다. 나는 긍정적이 될 수 있습니다. 하지만 저기 편협한 정치인이나 저 범죄자들을, 내가 꼭 사랑해야만 합니까?" 그것은 결정입니다. 긍정적이고 사랑으로 되는 것 혹은 부정적이고 비-사랑이 되는 것. 당신이 누군가를 싫어할 때 당신은 외부로 부정적 에너지를 보내는 중이라고 여길지도 모릅니다. 그러나 그 부정적인 에너지는 당신이 비-사랑인 말과 생각을 할 때, 당신 안에 있습니다.

누군가에 대해 혹은 무언가에 관해 비-사랑 감정을 표현할 때, 마음으로 어느 정도 그들을 비난하는 하는 것을 당연하다고 여깁니다. 그들에 대해 비난하는 것은 잘하는 것이라고 생각하기도 합니다. 그들은 그런 비난을 받아 마땅하다고 생각합니다. 지금 실제로 무슨 일이 벌어지는지 당신은 알아야 합니다. 당신은 괜찮은 누군가를 비난하는 중입니다. 당신은 자신을 욕하는 중입니다. 당신이 부정적 에너지를 표출할 때 당신 자신을 실제로 우울하게 만듭니다.

이것은 순간순간 일어나는 결정입니다. 당신은 긍정적이 되고 사랑체가 될 수 있습니다. 혹은 당신은 부정적이 되고 비-사랑체가 될 수도 있습니다.

우리 인간은 재미있는 존재라고 생각하지 않나요? 우리는 실제로 어떻게든 부정성이 우리에게 긍정적인 무언가를 가져온다고 생각합니다. 그것이 어떻게 실제로 가능할까요? 어떻게 부정성이 긍정적인 무언가를 야기할 수 있을까요? 부정성은 더 부정적인 것을 초래합니다. 긍정성은 사랑을 가져오고 그것이 성공, 행복, 그리고 풍요를 야기합니다.

비-사랑 감정은 우리가 살아가면서 가지게 되는 하나의

나쁜 습관입니다. 몇 가지 바보 같은 이유에서 우리는 그것이 우리 자신을 위한 것이라 생각합니다. 그것이 실제로 우리에게 하는 일은 우리를 아프게 만들고 비참하게 하고 풍요를 새어나가게 합니다.

당신은 두 가지 방법 모두 갖길 원합니다. 당신이 사랑하기로 결정한 사람들과 물건들을 사랑하고 싶어 하며, 미워하기로 결정한 사람들과 물건들을 미워하기를 원합니다. 그것이 바로 당신이 때때로 기쁨을 느끼지만 대부분의 시간동안 비참하다고 느끼는 이유입니다. 그 사랑-미움이라는 마음의 게임에 들어가면, 당신이 어느 편에 오래 서 있는지 쉽게 잊어버립니다. 그 경계선이 흐릿해지고 곧 사랑하는 사람보다 미워하는 사람이 훨씬 많아질 것입니다. 가까이 들여다보세요. 당신이 모든 것을 사랑하고, 모든 것에 긍정적이지 않은 순간, 언제든지 바로 부정의 편에 서 있는 것입니다.

무엇이 정답일까요?

퍼내세요. 당신이 비-사랑 감정을 퍼낼 때 그것은 마치 한 번에 한 국자의 물을 통에서 퍼내는 것과 같습니다. 당신이 퍼내는 것은, 긍정성이 흘러들어올 공간을 만들어내는 것과 같습니다. 한 국자씩 퍼낼 때마다, 사랑이 흘러들어와 전체가 변하기 시작할 것입니다. 사랑이 조금씩 전체를 장악하게 되고 당신은 행복해질 것입니다.

만약 당신 인생의 모든 영역이 풍요롭지 못하다면, 당신에게 무엇이 필요한지 생각해보세요. 부정성과 비-사랑 감정을 퍼내세요.

사랑체가 되세요. 삶에서 가치 있는 일입니다. 모든 순간, 삶의 모든 시간 동안, 사랑하세요. 삶이 긍정적으로 변하는 것을 지켜보세요.

저는 어느 저녁 매우 심오한 경험을 했습니다. 인생에서 이전에 경험해보지 못했던 완벽하고 전체적인 사랑이 저를 완전히 장악했습니다. 저에게로부터 마치 강물의 흐름처럼. 그것은 방향도 없고 목적도 없지만 모든 방향으로 흘러나가는 것처럼 보였습니다. 제 눈에는 어떤 흐름보다 더 거대하고, 더 강하고, 더 크며, 상상할 수 있는 어떤 강보다 넓게 보였습니다. 그것은 계속 폭발중인 별과 같았습니다. 그날 밤 두 시간 동안 자는 것으로 충분했습니다. 저는 새벽 한 시에 잠자리에 들었고 에너지가 가득한 채로 세 시에 잠에서 깼습니다. 그 사랑은 계속해서 흐르고 흘렀습니다. 그것은 그날 종일 지속됐고 부분적으로 다음 날까지도 이어졌습니다. 그것은 경이롭고 강렬한 체험이었습니다.

– MM, 캘리포니아

사랑하는 자리에서 행동하기

저는 마침내 제 자신을 닦달하는 버릇을 멈추었고, 매 순간 제 자신을 사랑하게 되었습니다. 그리고 그런 경험에서 자신감이 흘러나오는 걸 발견했습니다. 절 믿으세요. 그것은 큰 변화를 만듭니다. 다시 예전 방식대로 살아간다는 건 상상할 수도 없습니다.

– RC, 일리노이

당신이 사랑하는 자리에 있을 때, 당신은 인생에서 올바른 행동을 하게 됩니다. 그 자리에서는 당신이 무엇을 말하거나 행동하든 모두 효과적입니다. 그것은 효과가 있습니다.

당신이 사랑하고 있을 때, 당신은 올바른 행동을 합니다. 지금, 바로 현재로부터 만들어진 행동이기 때문입니다. 그 행동은 직관력을 기반으로 합니다. 사랑 에너지 안에서, 당신의 모든 정신적 소음, 쓰레기들은 사라집니다. 당신의 행동은 명확함의 자리에서 비롯됩니다.

비-사랑 에너지에서 나온 행동은 잘못되고 해롭습니다. 그것은 부정성, 비-사랑 감정에서 나온 행동입니다. 행동이 비-사랑 감정에서 취해질 때, 그 행동은 과거에서 가져오는 것입니다. 부정성, 비-사랑 감정은 모두 당신의 과거에서 비롯됩니다. 당신이 현재를 살 때, 어떤 비-사랑 감정도 존재하지 않습니다. 비-사랑 감정들은 모두 당신이 과거에 배웠던 자동적이고 반사적인 행동입니다.

비-사랑 자리에서 행동하면, 그 결과는 부정적입니다. 당연한 일입니다. 부정성은 그 어떤 긍정성도 만들어낼 수 없습니다.

몇 가지 예시들을 떠올려보세요. 당신이 누군가에게 미친 듯이 화를 냅니다. 시간이 조금 지난 후에, 분노는 잠잠해지고 죄의식이 당신을 사로잡습니다. 화와 죄의식은 모두 부정적이고, 비-사랑의 감정입니다. 그것들은 당신을 위해 어떤 긍정적인 것도 하지 못합니다.

두려움은 또 다른 예입니다. 당신은 너무 무서워서 어떤 행동을 하거나 혹은 어떤 행동을 하지 않습니다. 결국 당신에게는 후회만 남습니다. 당신은 생각합니다. "나는 그것을 하지 말아야 했어." "나는 그렇게 말하지 말아야 했어." "나는 그것을 해야 했어." "나는 그렇게 말해야 했어." 두려움과 후회, 두 개의 비-사랑 감정은 당신을 위해 어떤 좋은 것도 하지 못합니다.

그렇다면 무엇이 정답일까요? 답은 긍정의 에너지로부터 행동하는 것, 사랑으로부터 행동하는 것입니다. 그럴 때, 모든 것이 완벽하게 작동합니다. 당신이 긍정 에너지로부터 행동할 때, 당신이 사랑으로부터 행동할 때, 당신은 우주의 조화 속에서 행동하는 것입니다. 당신은 지금 이 순간으로부터 행동합니다. 따라서 무슨 일이 일어나도 올바르게 되고, 관련된 모든 사람에게 이로움이 돌아갑니다.

같은 방식으로 사랑하는 자리에서 행동하는 것은 당신의 신체에 이롭습니다. 만약 당신이 비-사랑 느낌 속에서 살고 있다면, 당신은 병에 걸릴 환경에서 사는 것입니다. 당신은 부조화 속에서 사는 것입니다. 질병 속에서 살고 있는 것입니다.

사랑의 긍정적 에너지 속에서 사는 것은, 조화 속에서 사는 것이고 어느 누구도, 어떤 것도 당신을 신경 쓰지 못하게 합니다. 긍정적인 사랑 에너지로부터 출발하는 삶은 우주의 조화 속에 사는 것입니다. 이것이 답입니다. 사랑하는 자리로부터 행동하세요. 그러면 당신이 하는 모든 것이 완벽하게 작동할 것입니다.

사랑이 그 답입니다.

저는 진정으로 제가 누구인지를 발견했습니다. 내면 깊숙이 저를 들여다볼 수 있었습니다. 그리고 그 진짜 나를 보았습니다. 겨우 열여덟 살이지만, 저는 환상적인 경험을 했습니다.

– BW, 버지니아

제 아들은 힘든 시간을 보내고 있었습니다. 그는 파괴적인 예전 습관으로 돌아갔습니다. 저는 계속 그에 대한 불만을 흘려보내면서 그를 내쫓고 싶은 마음 사이에서 오락가락하고 있었습니다. 어느 날, 저는 사랑이 되기로 결심했고 그렇게 됐습니다. 우선 우리 집의 모두에 대한 사랑을 키웠습니다. 그리고 이웃, 도시, 세계 전체로 확장시켰습니다. 저는 아들에 대해 생각했습니다. 그에 대한 사랑만이 남았고 모든 불만은 사라졌습니다. 그날 밤, 저는 아들에게 만약 예전의 정상적인 생활로 돌아가지 않는다면, 떠나야 한다고 말했습니다. 누구도 그런 말을 좋아하지 않겠지만 아들은 듣고 싶지 않은 말을 들을 때 더 극단적입니다. 하지만 제가 불만이 없는 사랑하는 자리에서 왔기 때문인지 그는 제 말을 받아들였습니다. 그는 진정으로 자신을 받아들이기 시작했습니다. 그리고 파괴적인 습관들을 떨쳐내는 것을 훨씬 잘하고 있습니다.

– BA. 텍사스

자신을 사랑하면
나머지는 자연히 따라옵니다.

이 이야기는 제가 주일학교에서 기도에 관해 가르쳤던 때에 관한 것입니다. 한 소년이 그는 요요를 할 수 없다고, 절대 그것을 할 수 없다고 말했습니다. 그 때 저는 그 자신에게 요요를 할 수 있고 충분히 재밌게 할 수 있다고 스스로 말하도록 가르쳤습니다. 그러고 나서 "그것이 바로 기도란다. 너 자신에게, 너 자신에 대해 무언가 좋은 말을 해주는 거야"라고 말했습니다.

제게는 그것이 모든 핵심이었습니다. "당신 자신을 사랑하세요. 그러면 나머지 모든 것들이 뒤따를 것입니다." 자신에 관해 자신에게 무언가 좋은 걸 말하세요. 자신을 사랑하세요. 그러면 삶은 말로 표현하기 어려울 정도로 아름다워질 것입니다. 제가 저 자신을 사랑하고 있을 때 아무 문제도 없음을 깨달았습니다. 사실, 제 자신을 사랑하는 것을 기억해 적용할 때면, 모든 것이 절 위해 자연스럽게 진행됩니다. 제가 다른 사람들을 사랑할 때 모든 일들이 효과적입니다. 하지만 제가 제 자신과 다른 모든 이들을 같이 사랑할 때는 그 효과가 최고점을 찍습니다.

자신을 사랑하게 되면 자동적으로 다른 이들도 사랑하게 됩니다. 그 비법은 그것이 삶의 영원한 방식이 될 때까지 계속 기억하고 행하는 것입니다.

– 메리 로, 캘리포니아

16

사랑과
만나세요

다음에 나오는 레스터 레븐슨의 잠언은 사랑의 진정한 본
성에 대해 이해하도록 해줄 것입니다. 이런 잠언들은 당신
의 의식 속에 사랑에 관한 중요한 통찰을 가져다줄 것입니
다. 이런 문구들 각각은 앞으로 당신의 마음속에서 잘 소화
되어야 할 통찰입니다. 하지만 더 중요한 것은 당신의 존재
자체에 흡수될 에너지라는 점입니다. 레스터는 당신이 그
것들을 천천히 읽어볼 것을 권합니다. 충분한 시간 동안 숙
고하도록 하세요. 글 속에 포함된 그 강력한 선물들을 연습
할 충분한 시간을 주세요. 당신은 자신이 지혜의 원천과 곧

바로 연결돼 있다는 것을 깨닫게 될 겁니다. 레스터가 말한 대로, "당신은 당신이 알고 있는 것을 알기 위해 온 것입니다."

다음의 인용들은 레스터 레븐슨이 쓴《궁극의 진리The Ultimate Truth》라는 책에서 발췌한 것입니다.

사랑_ 그것은 무엇입니까?

사랑은 어떤 대가를 바라지 않고 주려는 감정입니다.

사랑은 사람들이 정확히 그들이 원하는 것을, 그것을 당신이 그들에게 줄 수 없더라도, 갖도록 허락하는 것입니다.

사랑은 조건 없이 주는 것입니다.

사랑은 인간의 자연스러운 본성입니다.

오직 사랑하는 것만이 우리에게 사랑을 오게 합니다. 우리가 더 많이 사랑할수록, 더 많은 사랑이 우리에게 옵니다.

사랑과 주는 행위라는 두 개의 단어는 같은 뜻입니다.

사랑은 하나의 태도, 감정이며, 어떤 행동도 필요로 하지 않습니다.

사랑은 상대방을 자유롭게 해주는 것입니다.

사랑은 받아들임입니다.

우리가 사랑을 더 많이 개발할수록,
우주의 조화에 더 닿을수록,
우리의 삶은 더 기쁘고,
더 아름답게 되며, 모든 것이 더 그렇게 됩니다.
우리의 상승이 시작됩니다.

사랑은 사람들을 있는 그대로 받아들이는 것입니다.
사랑은 상대방이 자신만의 존재 방식으로 있기 때문에

그를 사랑하는 것입니다.

사랑은 오직 사랑을 함으로써만 이해됩니다.

사랑은 믿음입니다.

당신이 충분히 사랑할 때 당신은 상대방을 충분히 이해할 수 있습니다.

사랑은 평화의 느낌입니다.

사랑은 동일시하는 것입니다. 그것은 상대방을 자신과 동일시하여 상대방이 되는 것입니다.

사랑은 모든 생명체들이 그들의 행동을 통해 찾고 있는 것입니다.

사랑은 모든 문제에 대한 해답입니다.
문제가 있을 때, 당신이 더 사랑한다면 그것들은 사라질 것입니다. 완전하게 사랑할 때, 문제는 즉시 사라집니다.

사랑과 이해는 같은 것입니다.

사랑은 교감하는 것입니다. 그것은 소통입니다.

지지하는 것은 다른 이가 그가 원하는 것을 갖도록 돕는 행위입니다. 그것이 사랑입니다.

한 사람이 다른 사람에게 해줄 수 있는 가장 중요한 도움이나 주는 행위는 다른 사람이 진실에 대해 이해하도록 돕는 것입니다. 이런 방식으로 한 사람이 다른 이에게 행복의 공식을 전해주는 것입니다.

사랑은 힘입니다. 그것은 우주를 화합하는 힘입니다.

사랑은 이끌림이고, 통합하는 것이며, 그리고 건설적인 것입니다. 그리고 사랑은 사랑 받는 어떤 것에도 영향을 미칩니다.

의회는 세상을 바로 잡을 수 없지만, 개개인이 사랑을 느 낀다면 충분히 가능합니다.

거의 모든 사람들이 에고를 인정하는 걸 사랑으로 여기 는 실수를 저지릅니다. 그것은 사랑이 아니기 때문에 만족 할 수 없습니다. 결과적으로, 한쪽이 계속 그것을 필요로 하고 그것을 요구하게 됩니다. 그리고 이것은 오직 좌절만 을 만들 뿐입니다.

사랑은 섹스가 아닙니다.

사랑은 감정Emotion이 아닙니다.

사람들은 서로를 필요로 하고 그것을 사랑이라 생각합 니다. 누군가가 사랑할 때 거기에는 매달리는 것도 없고, 다른 이에게 울타리를 치는 것도 없습니다.

인간의 사랑은 그 사랑을 다른 이들과 공유하는 것을 원 하지 않습니다. 그것보다는 자기만의 만족을 원합니다. 진정한 사랑은 그 사랑을 나누는 것을 원하고 그것을 공유할수록 기쁨은 더 커집니다.

사랑 안에는 '갈망'이 없습니다. 다른 이를 갈망하는 것은 분리이기 때문입니다. 하나로 존재함을 사랑하세요. 그것은 분리되는 것이 아닙니다.

진정한 사랑은 결혼으로 완성(성취)되지 않습니다. 결혼 전에 그렇게 되어야 합니다.

사랑은 한 사람에게는 적용하고 다른 사람에게는 적용하지 않는 그런 것이 아닙니다. 한 사람을 사랑하고 다른 이를 싫어하는 것은 불가능합니다. 우리가 누군가를 다른 사람보다 더 사랑할 때 그 이유는 그 사람이 우리를 위해 무언가를 해주기 때문입니다. 그것이 인간의 사랑입니다. 누군가가 자신에게 잘 해주기 때문에 그를 사랑할 때, 그것 역시 인간의 사랑입니다. 진정한 사랑은 무조건적인 사랑입니다. 진정한 사랑 안에서, 사람은 자신에게 반대하는 사람조차도 사랑합니다.

우리는 모두를 똑같이 사랑해야 합니다.

사랑을 얻는 것은 불가능합니다. 오로지 사랑을 함으로써만 사랑을 느낄 수 있습니다.

사랑을 찾으려고 애쓸수록 사랑할 수 없습니다.

사랑 받으려고 애쓰지 말고 사랑하려고 애써야 합니다. 사랑 받는 것은 일시적으로 행복하고 에고만이 고양될 뿐입니다.

우리가 충분히 사랑한다면, 사랑 받지 못한다는 생각을 할 수 없습니다.

적을 사랑하는 것은 최고의 사랑입니다.

적을 사랑할 때, 그 적은 무기력해지고 당신을 괴롭힐 힘이 사라집니다. 만약 그 적이 끈질기게 당신을 해치려고 노력한다면, 그 적은 오직 그 자신만을 다치게 할 것입니다.

우리는 사랑을 늘어나게 할 수 없습니다. 단지 마음속 미움과 부정성을 제거할 뿐입니다.

높은 단계의 사랑에서는, 우리는 타인에 대해 무해한 감정을 갖고 상대방을 존재 그대로 인정합니다.

당신이 충분히 사랑하면,
당신은 모든 것을 가졌다고 느끼게 됩니다.

충분히 사랑하면 오로지 사랑만을 보게 됩니다.

우리가 진정으로 사랑할 때, 우리는 결코 상처받을 수 없습니다.
사랑은 개인적인 관점을 갖지 않습니다.

언제든 기분이 좋을 때, 그는 사랑하는 것입니다. 언제든 기분이 나쁠 때, 그는 사랑하는 중이 아닙니다.

사랑과 이기주의는 정반대입니다.

사랑은 이타적인 것입니다.

사랑은 순수함입니다.

사랑은 두려움을 제거합니다.

사랑은 불안을 제거합니다.

사랑은 위험을 제거합니다.

사랑은 외로움을 제거합니다.

사랑은 불행을 제거합니다.

사랑은 사랑을 끌어당깁니다.
사랑은 수단이자 목적입니다.

사랑은 그 자체의 보상입니다.

사랑은 그 자신의 좋음을 추구합니다.

사랑은 사랑 안에서 피어납니다.

사랑은 전염됩니다.

사랑은 지적으로 해석될 수 없습니다.

사랑의 달콤함은 묘사할 수 없습니다. 그것은 경험으로만 알 수 있습니다.

완전한 사랑은 변함없고 결코 중단될 수 없습니다. 완전한 사랑을 하게 되면, 오로지 그것만 느끼고, 그것만 보이고, 그것만 들립니다. 그리고 그것만을 생각하게 됩니다.

사랑은 참는 것이고 친절입니다. 사랑은 질투하지 않고 뽐내지 않습니다. 그것은 무례하거나 거만하지 않습니다. 사랑은 자기의 방식을 고집하지 않습니다. 그것은 짜증을 내거나 분노하지 않습니다. 틀릴 때 크게 기뻐하지 않고 옳을 때 크게 기뻐합니다. 사랑은 모든 것을 참아내고, 모든 것을 믿고, 모든 것을 희망하며, 모든 것을 견디어냅니다.

다음의 내용은 레스터 레븐슨의《완전한 사랑에 이르는 길The Way to Complete Freedom》에서 인용한 것입니다.

진정한 사랑은 우리가 다른 이들에게서 느끼는 사랑입니다. 그것은 우리가 다른 사람들에게 얼마나 많은 사랑을 주느냐에 따라 결정됩니다.

완전한 사랑은 각각의 사람들을 나와 동일시하는 것입니다.
우리가 모든 사람들을 자신과 동일시할 때, 우리는 모든 사람들을 자기 자신을 대하듯 그렇게 대합니다.

사랑은 연고입니다. 그 연고는 모든 것을 진정시키고 치료합니다.

당신이 사랑할 때, 당신은 다른 사람을 사랑하도록 고양시킵니다.

당신이 줄 수 있는 최상의 것은 사랑입니다. 그것은 물질을 주는 것보다 훨씬 큽니다.

당신이 사람들을 이해할 때, 당신은 그들의 관점으로 그들이 올바른 것을 행하고 있다는 걸 알게 됩니다. 당신이 이해할 때, 당신은 허용하고, 받아들입니다. 당신이 이해한다면, 당신은 사랑하는 것입니다.

우리가 사랑할 때, 우리는 행복할 뿐만 아니라 우리의 인생 전체가 조화 속에 놓입니다.

행복은 한 사람의 사랑하는 능력과 같습니다.

만약 우리가 완전하게 사랑한다면, 우리는 완벽하게 행복합니다.

항상 사랑이 넘치거나 그것이 부족하거나 둘 중 하나입니다.

어떤 사람이 사랑하지 않는다면, 그는 정반대의 행동을 하는 중입니다.

가장 높은 사랑은 당신이 다른 사람이 되는 때입니다. 동일시는 가장 높은 형태의 사랑입니다.

당신이 적을 사랑한다면 당신에게 더 이상 적은 없습니다. 사랑의 힘과 효과는 스스로 명백히 드러납니다. 시도해 보세요!

만약 당신이, 자신의 중심에서 본다면, 사랑이란 단어는 허용, 동일시, 소통, 진리, 신♰, 참나Self라는 말들과 모두 같습니다.

인간의 원래 상태는 모두 사랑입니다. 모든 문제들은 인간이 그들의 본성인 사랑의 상태를 다른 것으로 덮는 것에서 시작됩니다.

이타심이 자신을 위한 최고의 선으로 바뀌는 것임을 사랑하면서 발견하세요.

사랑에는 노력이 필요 없으며, 미움은 더 많은 노력을 요합니다.

사랑을 적용하면 모든 문제가 풀립니다.

인간의 사랑은 다른 이를 필요로 합니다. 신성한 사랑은 다른 이에게 주는 것입니다.

사랑은 행복과 동일합니다. 우리가 행복하지 않다면, 우리는 사랑하지 않는 것입니다.

소유욕의 개념은 사랑의 의미와 정반대입니다. 사랑은 자유롭게 하고, 소유욕은 노예로 만듭니다.

사랑은 다른 이와 일치되는 동일시의 느낌입니다. 사랑이 가득할 때 당신은 자신을 다른 사람처럼 느낍니다. 그리고 다른 사람을 자신처럼 대우합니다. 당신은 다른 사람의 즐거움에서 기쁨을 느낍니다.

누군가가 사랑 뒤에 숨겨진 힘을 발견한다면, 의심의 여지 없이 그것은 수소폭탄보다 훨씬 더 강력합니다.

오직 사랑뿐인 한 개인은 세상 전체와 맞설 수 있습니다. 사랑이 그렇게 강력하기 때문입니다. 이 사랑은 오직 우리의 본성일 뿐입니다. 이 사랑이 신입니다.

사랑은 주는 것입니다. 우주 안의 모든 힘뿐만 아니라, 모든 즐거움과 모든 지혜를 줄 것입니다.

사랑할 수 있는 능력을 최고로 키우는 방법은 자신을 이해하는 것을 통해서입니다.

저는 모든 사람들이 한 사람을 사랑할 때 느끼는 황홀한 느낌을 안다고 생각합니다. 그래서 당신은 당신이 70억 명의 사람들을 사랑할 때 그것이 어떤 것인지 상상할 수 있습니다. 아마 70억 배 이상 즐거울 것입니다.

사랑은 우리가 그것을 개발할 때 우리 내면에서 진화하

는 변함없는 태도입니다. 먼저 가족에게 사랑을 베푸는 연습을 해야만 합니다. 모든 가족 한 사람, 한 사람을 그 존재로서 인정하세요. 그리고 친구, 이방인, 그리고 모든 이들에게 적용합니다.

사랑은 연습할수록, 우리는 더 사랑하게 됩니다. 더 사랑할수록, 우리는 사랑을 더 많이 연습합니다. 사랑은 사랑을 불러일으킵니다.

우리가 사랑을 개발할수록, 우주의 조화 속으로 더 가까워지고, 삶이 더욱 기쁨이 되며, 더욱 아름답고, 모든 것이 더욱더 그렇게 됩니다. 그것은 당신을 상승시키는 사이클을 시작하는 것입니다.

사랑을 받는 단 한 가지 방법은 사랑을 주는 것입니다. 우리는 주는 것을 그대로 받기 때문입니다.

우주에서 할 수 있는 가장 쉬운 것은 모두를 사랑하는 것입니다. 사랑이 무엇인지 알게 된다면, 행할 수 있는 가장 쉬운 것입니다. 모두를 사랑하지 않기 위해 오히려 굉장한 노력이 필요합니다. 그리고 매일매일 삶 속에서 그 노력은 더 커지게 될 것입니다. 하지만 우리가 사랑할 때 우리는 모두와 하나가 됩니다. 우리는 평화롭고 모든 것이 완벽하게 맞아 떨어지게 됩니다.

더 높은 정신적인 사랑에서는 자책을 할 필요가 없습니다. 우리가 모두를 사랑하거나 그렇지 못하거나 상관없이 우리가 스스로에게 상처를 줄 필요가 없습니다.

사랑은 잘못된 태도들에 의해 방해받습니다. 사랑은 우리의 기본적인 본성이고 타고난 것입니다. 그것이 사랑이 쉬운 이유입니다. 그 반대는 노력이 듭니다. 우리는 타고난 본모습에서 멀어지고, 그것을 덮어버리고, 사랑과는 반대의 개념들로 사랑을 억누릅니다. 우리가 사랑하지 않기 때문이며, 비-사랑은 우리에게 되돌아오기 때문입니다.

사랑할 때 최고를 느낍니다

진정한 사랑은 우주를 이깁니다. 단지 한 사람이 아니라 우주 안의 모든 사람을 이깁니다.

비-사랑의 개념 뒤에는 항상 우리가 가진 무한한 사랑이 존재합니다. 당신은 그것을 늘릴 수 없습니다. 당신이 할 수 있는 모든 것은 비-사랑과 혐오의 개념을 벗겨내어, 이렇게 굉장한 사랑체인 우리 자신을 더 이상 숨기지 않는 것입니다.

사랑은 삶에 있어서 필수불가결한 구성 요소입니다. 만약 우리가 완전한 깨달음을 얻기를 기대한다면, 사랑이 완전해질 때까지 우리의 사랑을 늘려야만 합니다.

당신이 진정으로 사랑할 때 당신은 결코 분리되었다고 느낄 수 없습니다. 그들이 당신의 심장 바로 거기에 있기 때문에 당신과 거리를 둘 수 없습니다.

오로지 성장을 통해서만 우리는 사랑이 무엇인지 실제로 이해할 수 있습니다.

당신이 진정으로 사랑할 때, 당신은 다른 사람을 충분히 이해할 수 있습니다.

사랑은 변함없는 태도입니다. 사랑은 변하지 않습니다. 사랑은 나누어지지 않습니다.

인간적인 사랑을 포함한 모든 사랑은, 신성한 사랑 안에 그 원천을 갖고 있습니다.

모든 인간은, 너무나도 사랑스러운 개체들입니다.

당신이 사랑할 때, 당신은 사랑하는 그것들을 위해 오직 최선의 것만을 생각합니다.

당신이 더 사랑할수록, 당신은 더 이해하게 됩니다.

한 단어가 잘못된 사랑과 올바른 사랑을 구별하게 해줄 것입니다. 그것은 바로 주는 행위입니다.

당신이 아주 높이 있을 때 한 사람을 사랑하는 것처럼 똑같은 방법으로 나무를 안을 수 있습니다. 당신의 사랑은 모든 것에 스며듭니다.

완전한 자기희생은 우리가 할 수 있는 가장 이기적인 것입니다. 자기희생이 우리가 다른 이들에 대해서 생각하는 전부일 때, 우리는 저절로 본모습(참나) 안에 있게 됩니다.

사랑은 본모습의 상태입니다. 그것은 바로 당신입니다. 배려는 사랑에 있어 필요한 부분입니다.

완전한 사랑의 상태가 아니라면 어느 정도는 미움입니다.

당신이 왜 어떤 것에 반대할 수 없는지 알겠나요? 개미는 신입니다. 적도 신입니다. 만약 당신이 어떤 부분을 제한한다면, 신과 멀어지는 것입니다. 사랑은 나뉠 수 없습니다. 사랑은 전부여야 합니다.

모든 과정에서 최상은 사랑입니다
사랑할 수 있는 당신의 능력은 이해하는 능력에 의해 결정됩니다.

당신이 누군가를 믿지 못한다면, 당신은 그들을 완전히 사랑하지 않는 것입니다.

우리가 이 세상을 사랑한다면, 우리는 세상을 있는 모습 그대로 받아들여야 합니다. 우리는 그것을 바꾸려고 하지 않습니다. 우리는 세상을 존재로서 인정하고 받아들입니다. 다른 이들을 바꾸려고 노력하는 건, 우리의 에고를 주입하려는 것입니다.

우리가 사랑할수록 생각할 필요가 점점 없어집니다.

사랑인 상태는 사랑하는 것보다 높습니다. 신을 따르는 자들은 사랑 아닌 선택을 할 수 없습니다. 그들은 사랑입니다.

사랑은 당신의 본성입니다. 그것이 가장 높은 사랑입니다.

사랑은 변하지 않는 태도입니다. 사랑은 변하지 않습니다. 우리는 이방인을 사랑하는 만큼 우리의 가족을 사랑합니다. 우리가 이방인을 사랑하는 정도만큼, 우리는 가족을 사랑할 수 있습니다.

사랑은 함께하는 것입니다.

사랑은 본모습입니다. 그 본모습은 사랑하지 않습니다. 사랑이 그 본모습입니다. (오로지 이원성 안에서만 당신은 사랑할 수 있습니다.)

당신이 신에게서 받게 되는 건 사랑이 아닙니다. 사랑 받음입니다.

사랑. 각각의 사람들은 다른 사람들에게 봉사를 하면서 자신을 찬미하고, 반드시 필연적으로 다른 이들로부터 받습니다. 그러므로 신은 여기저기를 흘러 다니게 되고 우리는 그가 이국성 안에서 기뻐합니다. 주는 행위의 영혼만큼 그렇게 매력적인 것은 없습니다. 그것은 인간에게 가능한 어떤 경험들 중에서 사람을 가장 도취시킵니다.

이것을 발견하세요

봉사는 이제껏 전혀 경험해보지 못한 신의 기쁨 속에서

수영할 수 있는 비법입니다. 봉사는 최고의 아름다움과 매력이 넘치는 정원으로 들어가는 문을 열어줍니다. 그 정원에서는 무한한 종류의 맛을 가진 과즙들을 하나로 혼합하여 마실 수 있는데 그것은 바로 최상의 사랑입니다.

> 가장 달콤하고, 영원한 사랑과 베풀기에 대한 갈망으로 인해 영원히 지속되는 기쁨을 주는 정원으로 들어오세요. 이기심의 공허함을 흘려보내세요. 여러분을 이기심 없는 사랑으로 한가득 채우세요.
>
> – 레스터 레븐슨

17

이제 당신은
알고 있습니다

이 책의 서두에서, 저는 레스터 레븐슨의 삶에 대해 얘기했습니다. 그 이야기를 못 들은 사람들은 거의 없겠지만, 저는 늘 자주 이야기합니다.

레스터 레븐슨의 이야기는 아주 단순합니다. 당신의 비-사랑 감정을 흘려보내세요. 당신의 비-사랑 감정을 찾아내세요. 당신의 비-사랑 감정이 일어나길 기다리세요. 비-사랑 생각들, 말들, 행동들을 기다리세요. 누군가가 당신이 싫어하는 무언가를 할 때, 그때 내면으로 시선을 돌려 당신 안에 있는 비-사랑 감정들을 보세요.

당신이 원하는 모든 것을 갖는 길에서 장애가 되는 것은 당신의 비-사랑 감정이 전부입니다. 당신의 비-사랑 감정들을 찾아내어 그것들을 흘려보내세요. 끈질기게 지속적으로 비-사랑 감정을 찾아내어 흘려보내야 합니다. 당신이 그것들을 보았을 때 절대 코앞에서 더 진행되도록 내버려두지 마시고 즉시 흘려보내세요. 비-사랑 감정들을 보면 바로 흘려보내세요.

사랑체가 되어야 합니다. 사랑할 수 있는 능력을 계속 키워나가세요. 그리고 삶의 모든 영역에서 행복할 수 있는 능력, 건강할 수 있는 능력, 풍요로울 수 있는 능력들을 키워나가세요. 당신의 사랑을 가로막는 비-사랑 감정이라고 부를 수 있는 것들을 흘려보내면서 그 모든 능력을 키워나가세요.

당신이 비-사랑 감정을 더 많이 던져버릴수록, 당신의 본성인 사랑의 상태는 저절로 드러나 빛나기 시작할 것입니다. 그리고 세상은 당신의 손안에 들어오게 될 것입니다.

그것이 바로 레스터 레븐슨이 우리에게 보여준 것입니다.

사랑이 해답입니다. 사랑은 모든 문제를 풀어줍니다. 사랑은 당신이 하는 모든 행동에서 당신이 찾고 있는 바로 그것입니다. 사랑은 어디에 있는 것일까요? 그것은 바로 당신이 있는 그 자리에 있습니다. 그것은 바로 당신의 내면에 비-사랑 감정에 의해 가려져 있습니다. 우주의 모든 사랑이 바로 당신의 내면에 있습니다.

당신 자신인 모든 사랑을 경험해보세요. 결심하면 됩니다. 당신 자신인 사랑이 되기로 결심하세요. 비-사랑 감정을 흘려보내서 본래 자신인 사랑체가 되자고 결심하세요.

이것이 바로 레스터 레븐슨의 메시지입니다. 이것이 바로 이 책의 메시지입니다. 자신을 사랑하세요. 모든 사람들을 사랑하세요. 레스터가 우리에게 보여주었습니다. 사랑 속에서 우리는 행복하고, 건강하고, 부유하고, 성공하며, 우주의 모든 풍요로움으로 가득 차게 됩니다.

사랑이 되세요. 그리고 모든 걸 가지세요.

지금 그렇게 되세요.

왜 온 우주가 제공하는 모든 풍요보다 더 적은 것들에 만족하고 있나요?

자신을 사랑하세요. 당신은 모든 것을 가질 자격이 있습니다. 당신은 모든 것을 가질 수 있습니다. 자신을 사랑하세요. 자신을 사랑하면 알게 될 것입니다.

사랑으로 가는 이 여정에 저와 함께 해주어서 감사드립니다.

– 여러분을 사랑하는 래리 크레인으로부터

태어나서 처음으로 여러분은 부정적이고 비–사랑의 에너지를 방출하며 더 많은 긍정적인 감정들, 사랑하는 감정들을 경험하게 될 것입니다. 여러분의 삶은 하루하루 좋아질 것입니다.

– 마이클 허친슨

"사랑은 어디에 있는 것일까요?

그것은 바로 당신이 있는 그 자리에 있습니다."

레스터 레븐슨이
전하는
삶의 지혜

감사합니다. 반갑습니다. 여러분 한 사람 한 사람 모두에게 사랑을 전합니다. 오늘 밤, 저에게 주는 가장 놀라운 선물이라고 생각합니다. 오늘 밤 저녁 7시 50분이 될 때까지, 저에게 즉석연설을 해달라는 요청이 있기 전까진 제가 연설을 하게 될 줄 전혀 몰랐습니다. 그래서 저는 생각하기 시작했습니다. 무엇에 대해 말할까? 여러분에 대해? 아니면 나에 대해? 그러다 저는 깨달았습니다. 그것이 무슨 차이가 있겠습니까?

우리는 삶이라는 같은 배를 함께 타고 있습니다. 제게는 우리 모두가 똑같은 행동을 하는 게 보입니다. 제가 했던 것과 똑같은 것이죠. 우리 모두는 최고선最高善, 궁극의 경지, 최고의 행복을 찾고 있습니다. 우리는 항상 그것을 찾으려고, 투쟁하고 또 투쟁합니다. 그것을 찾아 헤매고 또 찾아 헤맵니다. 그리고 의아해합니다. "대체 그건 어디에 있는 거야?"

1952년으로 돌아가 보면……. 저는 그때, 그것을 찾았습니다. 그것은 바로 제가 있는 그 자리에 있었습니다. 그것은 지금 여러분이 있는 바로 그곳에 있습니다. 그것을 찾아 모든 곳을 다니고, 해마다, 매일 그렇게 찾아다니는 것은 전부 시간 낭비입니다. 왜냐구요? 그것은 바로 여러분이 있는 그곳에 있기 때문입니다. 우리 모두는 지금 지구라 불리는 학교에 궁극의 것을 찾기 위해 와 있습니다. 그리고 우리 모두는 그것을 외부에서 찾기 위해 혈안이 되어 있습니다. 그것은 외부에 없는데 말입니다! 만약 우리가 찾는 방향을 우리 자신에게로 돌리기만 한다면 우리는 그것이 바로 여기 나와 함께, 당신과 함께, 우리 자신의 존재와 함께 있다는 것을 찾아낼 것입니다.

제가 말합니다. "당신인가요?" 당신은 대답합니다. "네." 제가 말합니다. "바로 그것입니다." 그것 외에는 할 것이 없습니다. 그리고 여러분은 최고선에 다다르고 최고의 행복 상태에 있게 될 것입니다.

그런데 여러분은 왜 그렇게 하지 못하나요? 여러분은 너무나 습관적으로 이 곳 저 곳에서 찾고, 이 사람 저 사람에게서 찾고, 이 일 저 일에서 찾지만 그것을 결코 찾지 못합니다. 그래서 우리 모두는 "도대체 이게 무슨 일이지? 내 행복은 어디 있는 거야?" 하며 이것을 찾기 위해 똑같은 여정을 반복하고 있는 것입니다. 그리고 우리가 외부에서 그것을 찾으려는 행동을 멈추고 내부로 시선을 돌릴 때, 우리는 이 모든 단단하고 부정적이고 끔찍한 감정들이 그저 감정일 뿐이란 사실을, 그리고 이것들을 놓아줌으로써 그것을 제거하는 것이 가능하다는 걸 발견하게 됩니다. 그리고 이 모든 감정들은 무의식적인 프로그램이며, 이 모든 것은 그 하나하나가 생존 전략을 위해 심어진 것입니다. 스트레스를 받는 상황에서 느끼는 두려움뿐 아니라 우리의 모든 감정들이 우리의 생존을 자동적으로 지키기 위해 입력된 것들입니다. 그것들은 우리로 하여금 항상 외부를 주시하며 생존하게 합니다. 그것들은 마음으로 하여금 무의식적으로 하루 24시간 동안 작동하게 만들기 때문에 우리는 사실 단 한순간도 생각을 멈추고 우리가 어떤 존재인지 알 수 없습니다.

만약 여러분이 단 한순간만이라도 생각을 멈춘다면 여러분은 여러분의 존재, 이 우주의 전체가 바로 여러분의 존재라는 엄청난 진실을 경험하게 될 것입니다. 마음이 고요해지면 그때 여러분은 자동적으로 보게 될 것입니다. "나는 이 우주에서 가장 엄청난 존재이구나. 나는 전체이며, 완전하고, 완벽하구나! 나는 항상 그랬었고, 현재도 그렇고, 언제나 그럴 거구나!"

그렇다면 우리로 하여금 그 엄청난 상태로부터 분리되게끔 하는 것은 무엇인가요? 간단히 말하자면, '감정'이라고 불리는 축적된 프로그램들 때문입니다. 이 모든 부정적인 감정들이 우리로 하여금 끊임없이 생존을 위해 투쟁하게 만듭니다. 우리로 하여금 끊임없이 시선을, 이 엄청난 우리 존재로부터 떨어져서, 외부를 보게 만듭니다. 그러므로 우리가 해야 할 모든 것은 마음을 고요히 하는 것입니다. 그러면 우리는 스스로 명백해집니다. 본래 존재 상태인 사랑의 상태가 저절로 드러나게 되는 것입니다.

우리가 어떻게 할 수 있을까요? 간단합니다. 릴리징 테크닉입니다. 이것은 우리 본연의 존재 상태...우리 우주 전체를 완벽히 조종할 수 있고, 매 순간 아름답고 경이로우며, 불행하기가 불가능한...를 가장 빠르고, 가장 효과적으로 얻을 수 있는 방법입니다. 그리고 그것이 바로 우리의 자연스러운 상태이며, 부정적인 감정들이 모두 사라진 상태입니다.

언젠가 여러분은 그것을 할 것입니다. 여러분들은 한배를 탔습니다. 여러분은 그 행복을 얻기 위해 투쟁하고 모든 일들을 하고 있는 것입니다. 언젠가 여러분은 그것을 얻게 될 것입니다. 왜냐하면 여러분은 그렇게 되기 전에는 절대 멈추지 않을 것이기 때문입니다. 하지만 여러분이 더 빠르게 그것을 얻길 원한다면 우리 방법을 사용해보길 바랍니다. 저는 여러분이 아주 기뻐하며 놀랄 것이라 장담합니다. 여러분이 찾고 있는 그 모든 것은 바로 여러분이 있는 이 자리에 있습니다. 여러분에게 필요한 모든 것은 단지 눈가리개를 벗는 것뿐입니다. 여러분의 시야는 지금 많이 흐립니다. 여러분은 이 모든 무의식적인 프로그램들을 통해 세상을 바라보고 있습니다. 여러분이 그것들을 흘려보낸다면, 여러분의 시야는 또렷해질 것이고, 여러분 자신이 가장 위대한 존재이며, 전체이며, 완전하고 영원한 존재임을 발견하게 될 것입니다. 죽음에 대한 모든 공포와 두려움도 사라질 것입니다. 그 결과 삶이 아주 편안하게 될 것입니다. 그리고 모든 부정적인 감정들을 찾아내서 흘려보내면, 더이상 거기엔 어떤 싸움도, 어떤 투쟁도 존재하지 않을 것입니다.

그래서 저는 여러분에게 이 방법을 사용하라고 강력히 권합니다. 이것은 도구입니다. 단 일주일이면 큰 변화를 가져올 것입니다. 그리고 그 후부터 계속 더 나아지고 더 나

아지고 더 나아질 것입니다. 더 가벼워지고 더 가벼워질 것이며, 더 행복해지고 더 행복해질 것입니다.

그리고 이 사랑이라 불리는 것이 여러분의 본성입니다. 우주의 모든 사랑은 바로 여러분의 본성 안에 있습니다. 그리고 행복이란 사랑할 수 있는 능력과 비례한다는 걸 깨닫게 될 것입니다. 그리고 반대로 비극이란 여러분이 사랑을 얻고자 하는 그 부족감에 비례한다는 걸 깨닫게 될 것입니다. 그저 사랑하고, 사랑하고 또 사랑하세요. 그러면 여러분은 아주 행복해지고, 건강해지고 번영하게 될 것입니다.

하지만 계속해서 여러분은 비-사랑 감정을 덜어내야 합니다. 그래서 저는 다시 한 번 강력히 우리 방법을 추천합니다. 여러분이 분명 아주 만족할 거라 약속합니다. 한 번 시도하세요. 좋아하게 될 겁니다.

여기에 와주신 여러분께 다시 한 번 감사의 인사를 전합니다.

— 레스터 레븐슨

이제 우리는 서로 마음과 마음을 활짝 열고 많은 이야기를 나누었습니다. 그것이 여러분에게 많은 도움이 되었길 바랍니다. 그리고 여러분에게 아주 유용한 조언들이 더욱더 많이 있음을 알았으면 합니다. 저는 그동안 여러분의 생각을 자극하여 여러분을 새로운 깨달음으로 이끌기 위해 많은 이야기를 했습니다. 저는 여러분의 지성보다는 여러분 내면에 존재하고 있는 직감적인 부분에 영감을 주기 위한 방식으로 이야기를 했습니다.

이 모든 것들은 여러분을 지혜로 이끌 것입니다.
지혜는 지성보다 훨씬 더 높은 수준입니다.

여러분이 만약 이 말들의 귀한 가치를 이해했다면, 좀 더 나아가 여러분 스스로 할 수 있는 방법을 통해 더 탐구하라고 제안하고 싶습니다. 저는 여러분이 매일 자신의 이해를 넓혀가고 깊어지게 할 수 있는 도구를 개발해왔습니다. 바로 릴리징 테크닉입니다. 그것은 여러분에게 자아 성장의 핵심 사항들을 말해줄 것이며 계속 앞으로 나아가도록 해줄 것입니다.

릴리징 테크닉은 '우리 모두는 무의식적으로 붙잡고 있는 것들을 제외하면 한계가 없는 존재'란 전제를 근본으로 하고 있습니다. 그리고 우리가 그 무의식적인 한계들을 흘려보내고, 놓아줄 때 무한한 잠재력을 발견할 수 있습니다. 건강과 행복, 풍요와 물질적인 것들에 있어서 한계가 없습니다.

릴리징 테크닉은 여러분이 원하는 삶의 모든 것들을 성

취하도록 도울 것입니다. 그리고 그보다 더욱 중요하게도, 그것이 여러분의 진정한 존재에 대한 깨달음을 얻을 수 있도록 도울 것입니다. 릴리징 테크닉은 이 책을 졸업한 후의 과정입니다. 여러분 모두가 이것을 연습하고 실천하여 궁극의 상태를 얻길 바랍니다.

레스터 레븐슨

릴리징 테크닉으로 '자기 사랑'의 기적을 경험하세요

레스터 레븐슨이 전하는 삶의 지혜

자기 사랑

초판 1쇄 인쇄   2019년 3월 21일
초판 6쇄 발행   2024년 11월 29일

지은이   로렌스 크레인
옮긴이   편기욱
펴낸이   신민식

편집인   최연순

펴낸곳   가디언
출판등록   제2010-000113호
주 소   서울시 마포구 토정로 222
         한국출판콘텐츠센터 419호
전 화   02-332-4103
팩 스   02-332-4111
이메일   gadian7@naver.com

인쇄 · 제본   (주)상지사 P&B
종이   월드페이퍼(주)

ISBN   979-11-89159-26-9 03320

이 도서의 국립중앙도서관 출판예정도서목록(CIP)은 서지정보유통지원시스템
홈페이지(http://seoji.nl.go.kr)와 국가자료공동목록시스템(http://www.nl.go.kr/kolisnet)에서
이용하실 수 있습니다. (CIP제어번호 : CIP2019009471)